Zieh einen Kreis aus Gedanken

Farbfotos   Roland Görger   *Layout*   Martin Tiefenthaler
              Reinhard Mandl
              Eduard Ottinger
              Karl-Heinz Raach
              Käthe Recheis
              Bernhard Widder

Zieh einen Kreis aus Gedanken

Texte und Bilder
vom Leben der Indianer

Ausgewählt, übertragen und zusammengestellt
von Käthe Recheis und Georg Bydlinski

herder

Die Texte dieses Buches stammen aus den folgenden Anthologien: Weißt du, daß die Bäume reden / Freundschaft mit der Erde / Auch das Gras hat ein Lied (alle Verlag Herder Wien); Die Erde ist eine Trommel (Herder Taschenbuch Verlag Freiburg)

© Herder & Co., Wien 1990
Alle Rechte vorbehalten / Printed in Austria
Umschlaggestaltung: Martin Tiefenthaler
Umschlagmotive: Reinhard Mandl
Satz und Druck: Wiener Verlag Himberg
Bestellnummer: ISBN 3-210-24.994-6

In allem, was ein Indianer tut, findet ihr die Form des Kreises wieder, denn die Kraft der Welt wirkt immer in Kreisen, und alles strebt danach, rund zu sein.

Hehaka Sapa

Wir haben unser Land und unsere Freiheit verloren, aber noch haben wir unsere Art zu denken und zu leben bewahrt. Als Indianer könnten wir einen bedeutenden Beitrag zu eurer Kultur leisten. Nur wenigen Weißen kommt es in den Sinn, daß auch die Menschen anderer Hautfarbe, seien sie nun rot oder schwarz oder gelb, sich Gedanken darüber machen, wie diese Welt besser werden könnte.

Tatanga Mani

Der Eingang eines Tipis zeigt immer nach Osten. Wenn der Indianer am Morgen hinaustritt, um die Sonne zu begrüßen, die im Osten emporsteigt, wendet er sein Gesicht dem neuen Tag zu und macht vier Schritte. Jeder der Schritte ist von einem Wunsch begleitet, einem Wunsch für jeden Schritt und für jede der vier Jahreszeiten, die vor uns liegen. Dann schaut der Indianer nach Westen; er nimmt den Pfad der Sonne vorweg, geht ihr voraus, bevor sie noch selber den westlichen Horizont erreicht hat. Auf diese Weise drückt er aus, daß er nicht zurück kann; der Tag, der gestern war, ist vergangen. Er blickt nach vorn.

Im Leben eines Indianers gibt es keine schlechten Tage. Auch wenn es noch so stürmisch ist – jeder Tag ist gut. Weil du am Leben bist, ist jeder Tag gut.

Henry Old Coyote

*I*ch habe keine höhere Schule besucht, aber der Große Geist gab mir, was ich in keinem Klassenzimmer hätte lernen können: das Herz und den Willen, Erkenntnis zu erlangen.

Ich wünsche mir, daß unsere jungen Menschen auf die Suche nach der Wahrheit gehen, nach jener Wahrheit, die die Natur allen gibt, die sich ehrlich darum bemühen. Viele gebildete Menschen verstehen sehr wenig von der Schöpfung des Großen Geistes und ihren Wundern, während viele ungebildete Menschen dieses Verständnis besitzen. Ich ging auf keine eurer höheren Schulen, und doch besuchte ich die beste Universität, die es gibt, die große Universität draußen in der Natur.

Tatanga Mani

Sonkwiatison
wir danken dir
für die Vögel
die uns mit ihren Liedern Freude geben
wir danken dir für das Gras
das noch immer wächst
und für das Wasser
das unseren Durst stillt
und alles reinigt und erneuert
es fließt noch immer
wie du es gewollt hast
Nia-wen

Kalentakowa

Sonkwiatison: Schöpfer der Welt
Nia-wen: danke

Allen Lebewesen ist eine Kraft zu eigen – sogar einer winzigen Ameise, einem Schmetterling, einem Baum, einer Blume, einem Stein –, denn der Große Geist wohnt in jedem von ihnen. Die moderne Lebensart der Weißen hält diese Kraft von uns fern, schwächt sie ab. Um der Natur nahe zu kommen, sich von ihr helfen zu lassen, dazu braucht es Zeit und Geduld. Zeit, um nachzudenken und zu verstehen.

Ihr habt so wenig Zeit zum Betrachten und Verweilen; immer seid ihr in Eile, immer gehetzt, immer gejagt. Diese Rastlosigkeit und Plackerei macht die Menschen arm.

Pete Catches

*E*ine der Auswirkungen der technologischen Revolution besteht darin, daß wir der Erde entfremdet worden sind. Wir haben die Orientierung verloren, glaube ich; wir unterliegen einer Art psychischer Verwirrung, was Zeit und Raum betrifft. Mögen wir uns auch problemlos zurechtfinden, wenn es um den Weg zum Supermarkt geht oder darum, die Zeit bis zur nächsten Kaffeepause abzuschätzen, so zweifle ich doch daran, ob jemand von uns seinen Standort bestimmen kann, was die Sterne angeht oder die Zeiten der Sonnenwende. Unser Sinn für die Ordnung der Natur ist stumpf und unverläßlich geworden. Wie die unberührte Natur selbst ist auch der instinktive Bereich in uns im gleichen Ausmaß zusammengeschrumpft, denn wir haben verlernt, eine wahre Vorstellung von ihr zu entwickeln.

N. Scott Momaday

Hat uns der Erdboden etwas zu sagen? Hört er uns zu? Was wäre, wenn er jetzt spräche – er und alles, was auf ihm lebt? Aber ich höre ja, was der Erdboden sagt! Er spricht: „Der Große Geist hat mich erschaffen. Er wies mich an, für die Indianer zu sorgen und ihnen Nahrung zu geben. Der Große Geist ließ die Wurzeln in der Erde wachsen, damit ihr sie essen könnt." Das Wasser sagt uns dasselbe: „Der Große Geist leitet mich, damit ich für die Indianer sorge." Auf diese Weise spricht auch das Gras zu uns. Erdboden, Wasser und Gras sagen: „Der Große Geist hat uns unsere Namen gegeben." Die Erde spricht: „Der Große Geist schuf mich, damit alles auf mir wachse, Bäume und Früchte. Auch der Mensch wurde aus Erde gemacht." Als der Große Geist den Menschen die Erde zur Wohnung gab, trug er ihnen auf, behutsam mit ihr umzugehen und miteinander in Frieden zu leben.

Young Chief

Ein Jäger

Der Bock stand still.
Lautlos spannte ich
Den modernen Bogen
　mit dem scharf
　　gespitzten
　　　Pfeil.
In meiner Tiefkühltruhe
　liegt Fleisch
　　für ein ganzes Jahr –
Soll ich oder soll ich nicht.
　Ich überlegte;
Ich bin ein Jäger,
　kein Trophäensammler.
Und ließ Pfeil und Bogen
　fallen –
　　　Für immer.

Louis Oliver

Wir danken unserer Mutter, der Erde, die uns ernährt. Wir danken den Flüssen und Bächen, die uns ihr Wasser geben. Wir danken den Kräutern, die uns ihre heilenden Kräfte schenken. Wir danken dem Mais und seinen Geschwistern, der Bohne und dem Kürbis, die uns am Leben erhalten. Wir danken den Büschen und Bäumen, die uns ihre Früchte spenden. Wir danken dem Wind, der die Luft bewegt und Krankheiten vertreibt. Wir danken dem Mond und den Sternen, die uns mit ihrem Licht leuchten, wenn die Sonne untergegangen ist. Wir danken unserem Großvater Hé-no, der uns, seine Enkelkinder, schützt und uns seinen Regen schenkt. Wir danken der Sonne, die freundlich auf die Erde herabschaut. Vor allem aber danken wir dem Großen Geist, der alle Güte in sich vereint und alles zum Wohl seiner Kinder lenkt.

Gebet der Irokesen

Unsere Urgroßeltern sprachen niemals über das Beten, aber jeder Tag ihres Lebens war ein Gebet. Sie wußten, daß alles auf der Welt ein Geschenk des Schöpfers war, auch jeder Schluck Wasser, den sie tranken, und die Luft, die sie atmeten. Diese Geschenke waren von solchem Wert, daß niemand sie zurückerstatten konnte. Deshalb war jeder Schritt, den sie gingen, wie ein Dankgebet. Wenn sie aßen, lobten sie den Schöpfer damit. Auch wenn die Zeiten hart waren, sagten sie Dank für alles Lebendige rings um sie. Für sie war alles mit Leben erfüllt, Menschen, Tiere, Bäume, das Gras und sogar die Steine. Allem hatte der Schöpfer das Leben gegeben.

Auch heute bete ich nicht nur mit Worten, sondern mit jedem Atemzug. Wenn mein Herz schlägt, sagt es Dank – wie eine Trommel, die geschlagen wird, um die Schöpfung zu preisen.

Joseph Bruchac

Jedes Tal und jede andere Landschaftsform – eine Wiese, eine Bucht, ein Wäldchen, ein Hügel – besitzt eine eigene Stimmung, in der sich die Wesensart des Ortes widerspiegelt. Wie auch immer die Stimmung sein mag, glücklich, friedvoll, unruhig oder düster, sie ist Ausdruck der Seele jener Landschaft. Ein Beweis dafür: Wenn man in einem Tal das Pflanzenleben verändert, wenn man Pflanzen, die dort wachsen, zerstört oder entfernt, wird die Atmosphäre dieses Tals nie mehr so sein wie zuvor.

Basil Johnston

*V*ieles ist töricht an eurer sogenannten Zivilisation. Wie Verrückte lauft ihr weißen Menschen dem Geld nach, bis ihr so viel habt, daß ihr gar nicht lang genug leben könnt, um es auszugeben. Ihr plündert die Wälder, den Boden, ihr verschwendet die natürlichen Brennstoffe, als käme nach euch keine Generation mehr, die all dies ebenfalls braucht. Die ganze Zeit redet ihr von einer besseren Welt, während ihr immer größere Bomben baut, um jene Welt, die ihr jetzt habt, zu zerstören.

Tatanga Mani

Die Zweibeiner, die Menschen, vergessen allzu leicht die Gesamtheit der Schöpfungsgaben, und in ihrem Egoismus scheinen sie es fast zu bedauern, daß auch die anderen Geschöpfe ein Recht zum Überleben haben.

Maurice Kenny

Geistiger Reichtum

Indianer sein heute ist ein lebendiges Paradoxon
 ein Widerspruch in sich selbst.
Sich mit der Erde verbunden fühlen
 in einer Asphaltwelt.
Stolz und ehrenhaft sein
 in Lebensverhältnissen, die erniedrigen.
Geistigen Reichtum erfahren
 in einem geistig verarmten Land.
Geschwisterlich verbunden sein
 mit grundverschiedenen Brüdern und Schwestern.
Maschinell gefertigte Glasperlen
 zu alten, überlieferten Mustern vernähen.
Christliche Kirchenlieder singen
 in der Stammessprache.
Ins Englische übersetzte Namen tragen
 die voll alter Bedeutungen sind.
Ausgelacht werden
 auch wenn du nichts Komisches getan hast.
Bei nichtindianischen Kindern Furcht erregen
 obwohl dein Herz nichts Böses denkt.

Karen Coody Cooper

Wir Sioux denken oft und viel über alltägliche Dinge nach, für uns haben sie eine Seele. Die Welt um uns ist voller Symbole, die uns den Sinn des Lebens lehren. Ihr Weißen, so sagen wir, seid wohl auf einem Auge blind, weil ihr so wenig seht.

Lame Deer

35

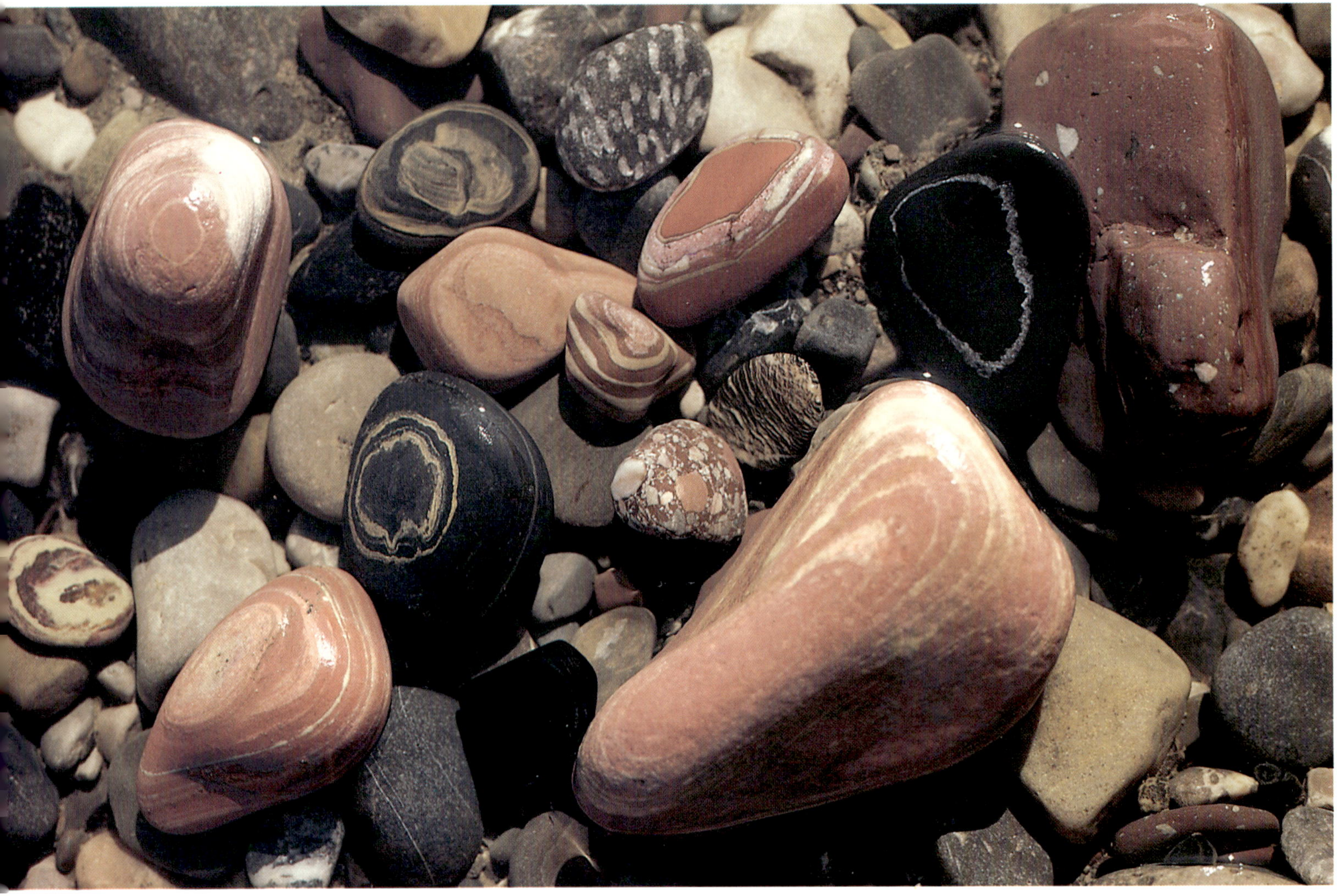

Wegkarte auf Steinen

Als ich die erste Karotte dieses Sommers aus der Erde zog,
war ein Stein im Wurzelhaar gefangen
wie eine Münze in einer Faust.

Die ältesten Bewohner dieses Hügels,
lange bevor mein Fuß ihn betrat,
lasen ihr Geschick aus der Gestalt von Steinen.

Jeder Stein trug ein Muster,
eine Wegkarte dieses Landes;
wer sie deuten konnte,
den führte sie an sein Ziel.

Ich paßte meine Handfläche
der Form des Steines an,
suchte nach der Skizze eines unsichtbaren Pfades,
einer Straße, wie sie die Flügel des Rotschwanzfalken
bisweilen über den Himmel ziehn.

Ich hielt den Stein, bis ich spürte,
wie mein Herz in seinem Rhythmus zu schlagen begann,
dann vergrub ich ihn wieder, unsicher
ob ich schon bereit war,
den Weg zu betreten, den er mir wies.

Joseph Bruchac

Die Dichtung der Indianer ist im Grunde immer eine Zeremonie des Dankes gewesen – eine Danksagung in Liedform an den Großen Geist, an Mutter Erde, an die Gräser und all die verschiedenen Geschöpfe. Auf ihrer langen Reise durch die Zeit ist die indianische Dichtung im Wesen religiös geblieben.

Wenn ein junger Mann singt oder auf der Flöte spielt, um einer jungen Frau seine Liebe zu zeigen, so dankt er gleichzeitig dem Großen Geist dafür, daß seine Geliebte lebt.

Wenn ein Dichter den Flug eines Distelsamens durch die Luft betrachtet, so dankt er gleichzeitig dem Großen Geist dafür, daß die Distel existiert.

Wenn er die Jagd besingt, lobt er Hirsch und Elch, die ihr Fleisch geben, damit der Jäger weiterleben kann – und er dankt dem Großen Geist, der den Hirsch geschaffen hat.

Maurice Kenny

39

40

Alles, was ihr eßt, wird in eine Plastikhülle gepackt, ist sauber zerteilt und vorbereitet für die Pfanne, hat keinen Geschmack und erweckt in euch keine Schuldgefühle. Wenn ihr eure Nerz- oder Robbenmäntel tragt, wollt ihr nicht daran erinnert werden, wieviel Blut und Schmerz sie gekostet haben.

Wenn wir einen Büffel töteten, dann wußten wir, was wir taten. Wir baten seinen Geist um Vergebung und sagten ihm, warum wir es tun mußten. Wir ehrten mit einem Gebet die Gebeine derer, die uns ihr Fleisch als Nahrung gaben, wir beteten, daß sie wiederkommen sollten, wir beteten für das Leben unserer Brüder, des Büffelvolkes, genauso wie für unser eigenes Volk.

Lame Deer

Wir müssen füreinander Sorge tragen und füreinander da sein. Deshalb fragen wir uns bei jeder Entscheidung, die wir treffen, welche Folgen sie für spätere Zeiten hat und ob sie den kommenden Generationen nützt oder schadet.

Wir arbeiten mühevoll auf unseren Feldern, von deren Früchten wir leben; genauso müssen wir jede Mühe auf uns nehmen, für die Menschen zu sorgen, die um uns sind – denn auch von ihnen leben wir.

Carol Cornelius

43

Für ein Kind

Geh um den Berg, geh leise,
    denn der Berg ist still und sanft,
stell dir das weite Tal vor
    auf der anderen Seite des Berges,
denk dich durch den Berg
    in das ungeschützte Tal,
wo vielleicht Gefahr ist oder Schmerz.

Zieh einen Kreis aus Gedanken
    um den sanften, stillen Berg,
und der Berg wird zu Kristall,
und du siehst das offene Tal
    durch den kristallenen Berg,
und die ganze Wahrheit des Berges
    und Tales ist dein.

Und geh um den Berg, geh behutsam,
    und betritt es leise,
    das friedvolle Tal,
wo das Herz des Kristallbergs
    schlägt.

Peter Blue Cloud

45

Die Heiterkeit der Steine

Ich halte diesen Türkis
in meinen Händen.
Meine Hände halten den Himmel
in diesem kleinen Stein.
An seinem Rand
sitzt eine Wolke.
Die Welt ist irgendwo darunter.

Ich drehe den Stein, und der Himmel wird größer.
Das ist die heitere Ruhe, die Steinen zu eigen sein kann,
hier fühle ich, wohin ich gehöre.
Ich bin glücklich mit diesem Himmel
in meinen Händen, in meinen Augen, in mir.

Simon J. Ortiz

47

48

Wie glücklich bin ich? Das ist für uns die wichtigste Frage im Leben. Für einen Indianer hängt Erfolg nicht davon ab, wieviel er verdient oder welche gesellschaftliche Stellung er einnimmt – sondern einzig und allein davon, wie glücklich er ist.

Beryl Blue Spruce

Wir glauben, daß die Liebe zum Besitz eine Schwäche ist, die man überwinden muß, und daß jemand, der zu sehr an materiellen Werten hängt, seine innere Harmonie gefährdet.

Aus diesem Grund werden Kinder schon früh zur Freigebigkeit ermuntert. Das öffentliche Verteilen von Geschenken ist mit jeder wichtigen Zeremonie verbunden und spielt eine große Rolle, wenn ein Kind geboren wird, bei jeder Hochzeits- und Totenfeier und wann immer wir einem Menschen oder einem Ereignis besondere Ehre erweisen. Bei solchen Gelegenheiten ist es üblich, seine ganze Habe auszuteilen. Der Indianer gibt einfach alles, was er besitzt. Er verschenkt es an Verwandte, an Gäste aus einem anderen Stamm oder einer anderen Sippe, vor allem aber an die Armen und Alten, von denen er keine Gegengabe zurückerwarten kann.

Ohiyesa

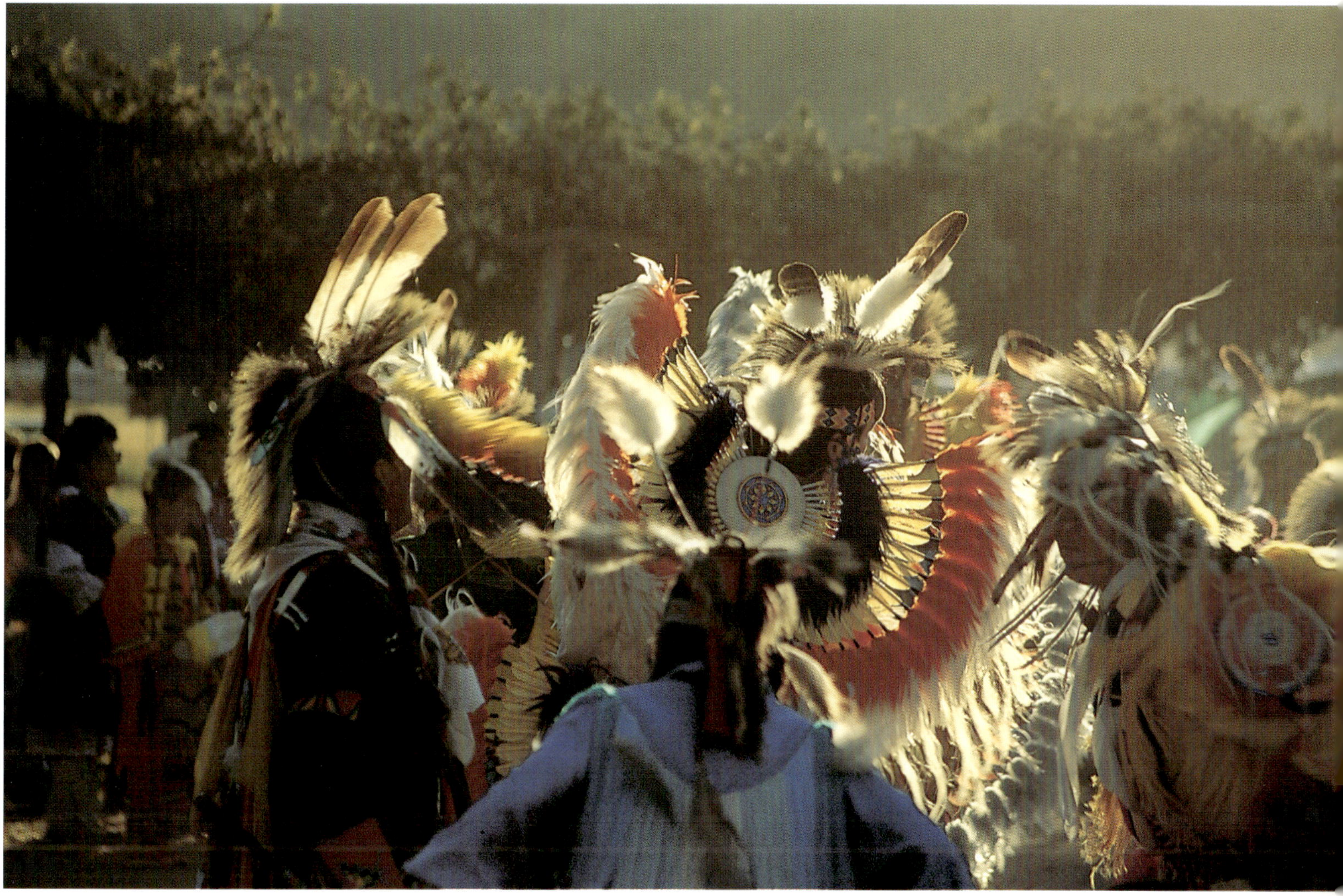

52

*D*ie sechs Großväter haben viele Geschöpfe in diese Welt gesetzt, und alle sollen glücklich sein. Jedes Wesen, jedes kleine Etwas erfüllt einen bestimmten Zweck, und es soll glücklich sein und die Kraft besitzen, glücklich zu machen. Wie die Gräser auf einer Wiese sich einander freundlich zuneigen, so sollen auch wir es tun, denn die Großväter der Welt haben es so gewollt.

Hehaka Sapa

Die sechs Großväter: die sechs Mächte der Welt –
die vier Himmelsrichtungen sowie Himmel und Erde

drei pferde

im morgennebel auf der wiese
der federleicht über das gras schwebt
und langsam kreist wie träges wasser
heben drei pferde ihre köpfe und beobachten mich
wie ich unter den dunklen bäumen gehe
und ihr atem steigt auf wie dampf
und ihre mäuler zucken ganz leicht
und ihr rückenfell sträubt sich
und die sehnen ihrer beine sind angespannt
und sie nehmen einander wahr
ohne blicke auszutauschen

von baum zu baum gehe ich rund um die wiese
langsam wenden sie ihre köpfe schauen mir nach
und erst wenn ich fort bin
einen dunklen pfad hinunter
und an drei pferde denke die im nebel frieren
werden sie ihre köpfe senken
ihre schwarzen mähnen schütteln
die schlanken kniegelenke beugen
mit den hufen scharren leise schnauben
und weitergrasen.

Norman H. Russell

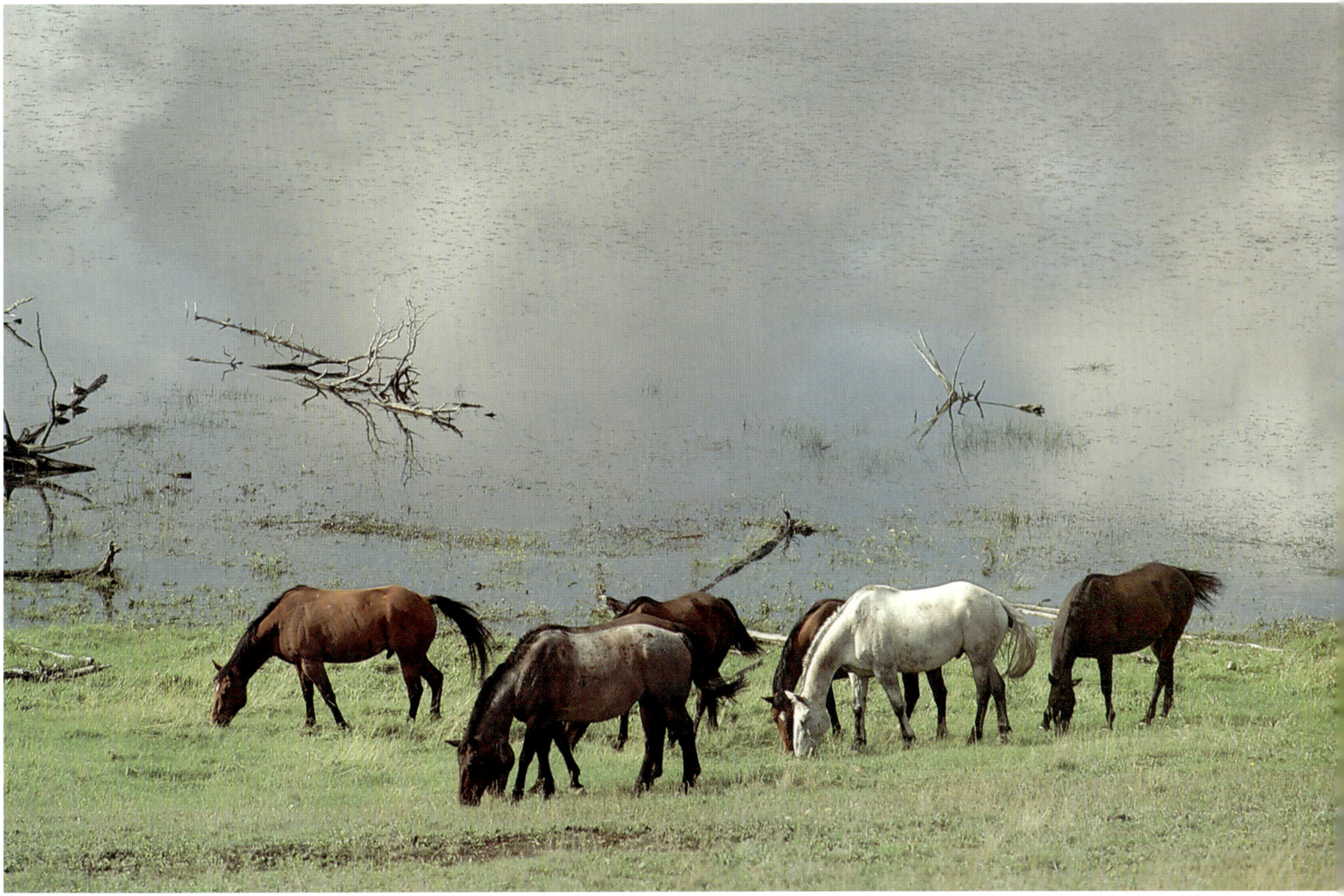

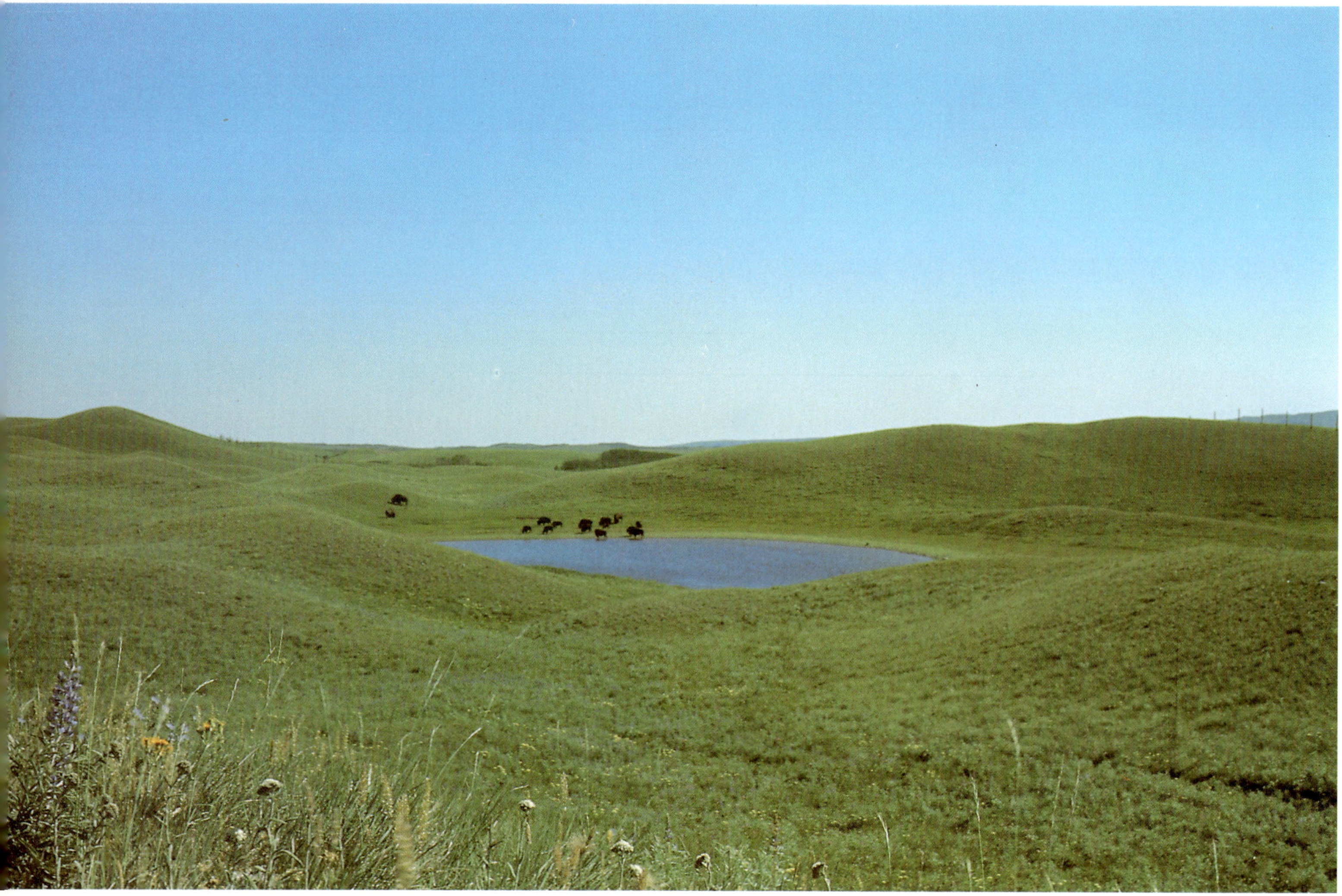

*I*ch erinnere mich daran, wie ich einmal, im Spätfrühling, auf das große nördliche Grasland hinauskam. Wiesen, blau und gelb von wilden Blumen, bedeckten die Hänge, und unter mir sah ich die stille, sonnenhelle Ebene, die sich ins Endlose verlor. Zunächst nimmt das Auge keine Einzelheiten wahr, nur das Land selbst als undurchdringliches Ganzes. Dann aber treten allmählich kleinste Formen hervor – Tierherden und Flüsse und Baumgruppen –, und jede davon ist vollkommen, was die Entfernung betrifft, die Stille, die Zeit. Ja, dachte ich, jetzt sehe ich die Erde, wie sie wirklich ist; nie mehr werde ich etwas betrachten wie noch gestern oder am Tag zuvor.

N. Scott Momaday

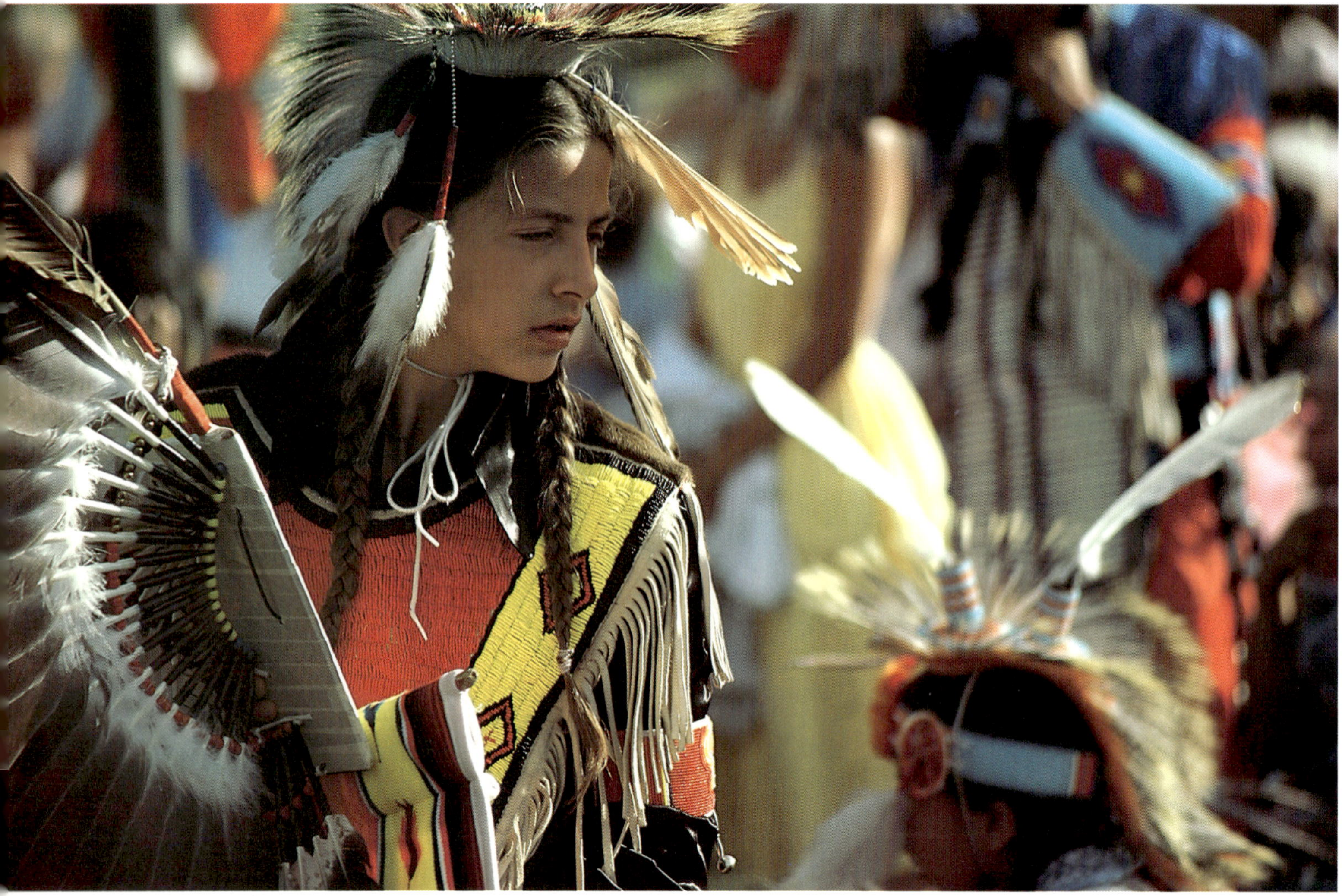

Mein Fächer aus Adlerfedern

Der Adler ist meine Kraft,
Und mein Fächer ist ein Adler.
Er ist stark und schön
In meiner Hand. Er ist lebendig.
Meine Finger umfassen ihn,
Als wäre sein perlenverzierter Griff
Die Krümmung eines uralten Baumes.
Die Knochen meiner Hand sind leicht
Und hohl; der Fächer trägt sie.
Meine Hand bewegt sich in der dünnen Luft
Der Bergkuppen. Den ganzen Morgen
Gleitet mein Adler im kalten Luftstrom;
Den ganzen Nachmittag kreist er
Im Rhythmus der Lieder, der Trommeln.

N. Scott Momaday

60

*H*ügel sind immer schöner als Häuser aus Stein. In einer großen Stadt wird das Leben zu einem künstlichen Dasein. Viele Menschen spüren kaum noch richtige Erde unter den Füßen, sie sehen kaum noch Pflanzen wachsen, außer in Blumentöpfen, und lassen nur selten die Lichter der Straßen hinter sich, um den Zauber eines sternenübersäten Nachthimmels auf sich wirken zu lassen. Wenn Menschen so weit weg von all dem leben, was der Große Geist geschaffen hat, dann vergessen sie leicht seine Gesetze.

Tatanga Mani

Wenn das Land krank ist, sind auch die Menschen krank, und wenn die Menschen krank sind, ist das Land krank.

Herbert Blatchford

63

Bevor unsere weißen Brüder kamen, um zivilisierte Menschen aus uns zu machen, hatten wir keine Gefängnisse. Aus diesem Grund hatten wir auch keine Verbrecher. Ohne ein Gefängnis kann es keine Verbrecher geben. Wir hatten weder Schlösser noch Schlüssel, und deshalb gab es bei uns keine Diebe.

Wenn jemand so arm war, daß er kein Pferd besaß, kein Zelt oder keine Decke, so bekam er all dies geschenkt. Wir waren viel zu unzivilisiert, um großen Wert auf persönlichen Besitz zu legen. Wir strebten Besitz nur an, um ihn weitergeben zu können. Wir kannten kein Geld, und daher wurde der Wert eines Menschen nicht nach seinem Reichtum bemessen. Wir hatten keine schriftlich niedergelegten Gesetze, keine Rechtsanwälte und Politiker, daher konnten wir einander nicht betrügen. Es stand wirklich schlecht um uns, bevor die Weißen kamen, und ich kann es mir nicht erklären, wie wir ohne die grundlegenden Dinge auskommen konnten, die – wie man uns sagt – für eine zivilisierte Gesellschaft so notwendig sind.

Lame Deer

65

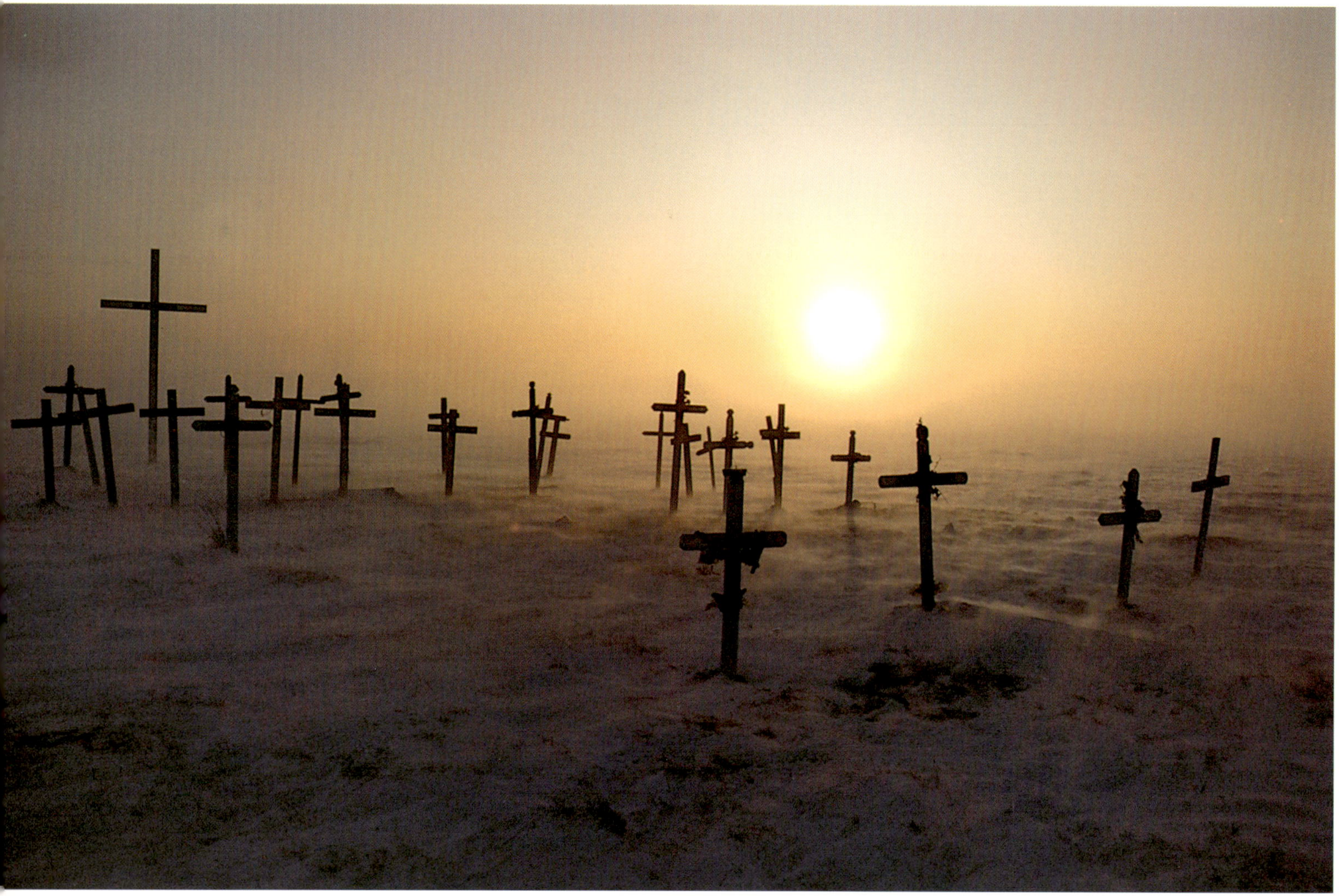

*W*enn man zurückblickt auf die Geschichte Amerikas, findet man die Seiten im Buch der Nation – oder die Gräber in ihrem Friedhof – bedeckt mit den Namen lange verschwundener Stämme: Narragansett, Wampanoag, Nipmuc, Huron, Cayuga, Ofo, Biloxi, Yazoo, Natchez, Chakchiuma, Yuchi und vielen anderen. Wenn auch die Zahl der Stämme und Menschen, die während der europäischen Expansion auf dem Kontinent zugrunde gingen, erschütternd ist, so ist das wahrhaft Erstaunliche nicht die Frage, wie viele Völker und Kulturen ausgelöscht wurden und mit welchen Mitteln dies geschah, sondern wie groß die Zahl derer ist, die heute noch da sind, und wieviel von ihren traditionellen Anschauungen und Werten sie erhalten konnten.

Geary Hobson

Wenn die Männer der Hopi zur Maisernte auf ihre Felder gehen, pflücken sie zuerst einen kleinen Kolben – diese kleinen Kolben sind ein Symbol für die Kinder. Sie tragen den Baby-Mais behutsam heim, wo die Mutter des Hauses schon wartet. Jede Mutter segnet ihren kleinen Kolben und legt ihn sanft in den Maiskorb. Erst dann dürfen die Männer den übrigen Mais ernten.

Die geernteten Kolben wurden der Obhut der Frauen übergeben; immer schon wurde der Mais als lebendiges Wesen geachtet. Die Frauen redeten mit ihm wie mit einem Menschenkind, sie sprachen: „Schaut diesen wunderschönen Mais an, seht, wie farbenprächtig er ist! Und wie viele Körner er hat!"

Janet McCloud

69

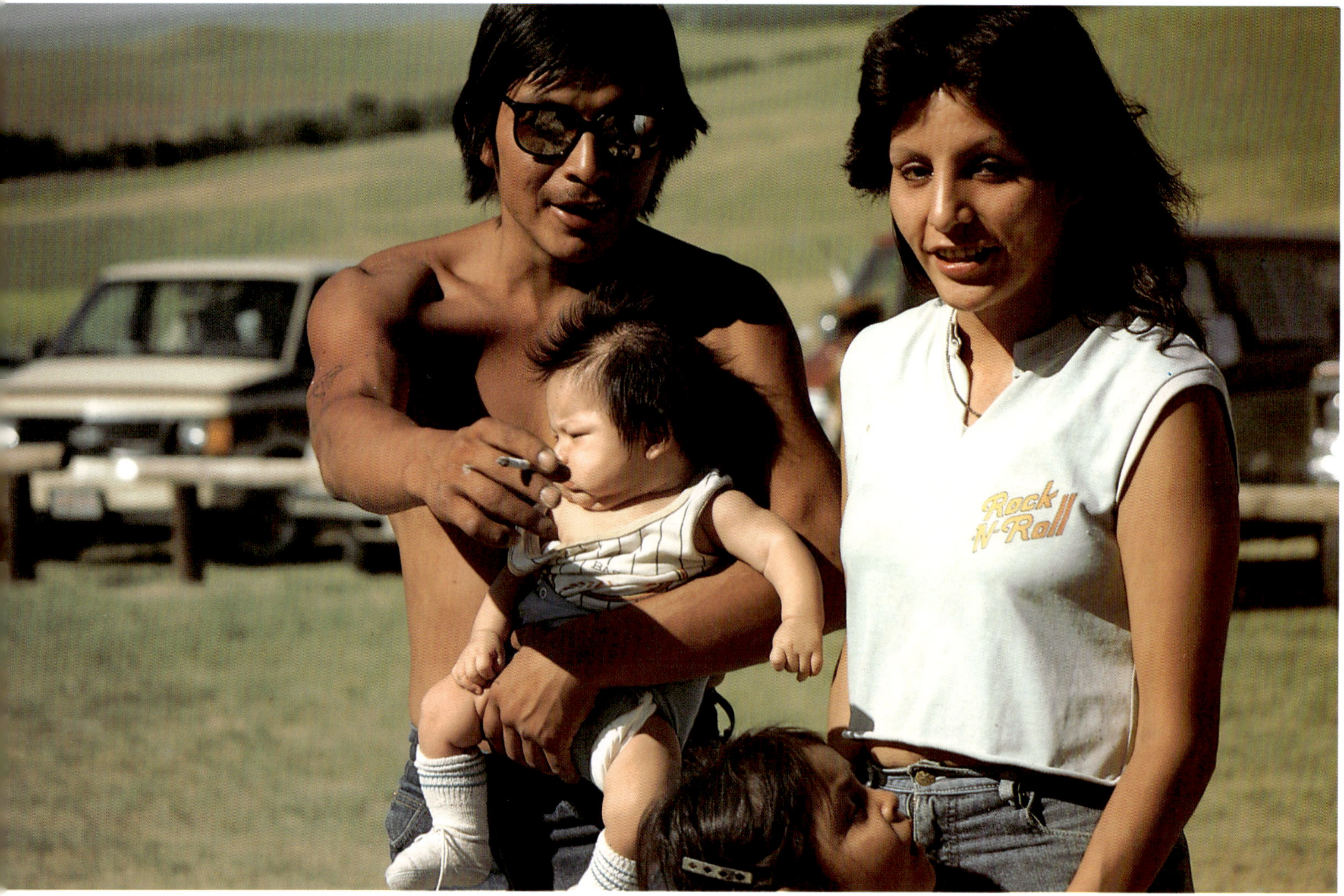
Rock
N Roll

Vom Sprechen

Ich trage ihn hinaus ins Freie
unter die Bäume,
ich stelle ihn auf die Erde.
Wir hören den Grillen zu,
dem Lied der Zikaden, jahrmillionenalt.
Ameisen laufen vorbei.
Ich sage zu ihnen:
„Das ist er, mein Sohn.
Er schaut euch zu, dieser Junge.
Ich spreche für ihn."

Die Grillen, Zikaden,
die Ameisen, die Jahrmillionen
beobachten uns,
hören, was wir sagen.
Mein Sohn murmelt Babyworte,
er redet, helles Lachen
sprudelt aus ihm.
Baumblätter zittern.
Sie hören diesem Jungen zu,
der für mich spricht.

Simon J. Ortiz

Ich bin ein Felsen.
Ich habe Leben und Tod gesehn.
Ich habe Glück erfahren, Sorge und Schmerz.
Ich lebe ein Felsenleben.
Ich bin ein Teil unsrer Mutter, der Erde.
Ich habe ihr Herz an meinem schlagen gefühlt.
Ich habe ihren Schmerz gefühlt
und ihre Freude.
Ich lebe ein Felsenleben.
Ich bin ein Teil unsres Vaters, des Großen Geheimnisses.
Ich habe seinen Kummer gefühlt
und seine Weisheit.
Ich habe seine Geschöpfe gesehn, meine Brüder,
die Tiere, die Vögel,
die redenden Flüsse und Winde, die Bäume,
alles, was auf der Erde,
und alles, was im Universum ist.
Ich bin mit den Sternen verwandt.
Ich kann sprechen, wenn du zu mir sprichst.
Ich werde zuhören, wenn du redest.
Ich kann dir helfen, wenn du Hilfe brauchst.

Aber verletz mich nicht,
denn ich kann fühlen, wie du.
Ich habe Kraft zu heilen,
doch du wirst sie erst suchen müssen.
Vielleicht denkst du, ich bin bloß ein Felsen,
der in der Stille daliegt
auf feuchtem Grund.
Aber das bin ich nicht,
ich bin ein Teil des Lebens,
ich lebe,
ich helfe denen,
die mich achten.

Cesspooch

74

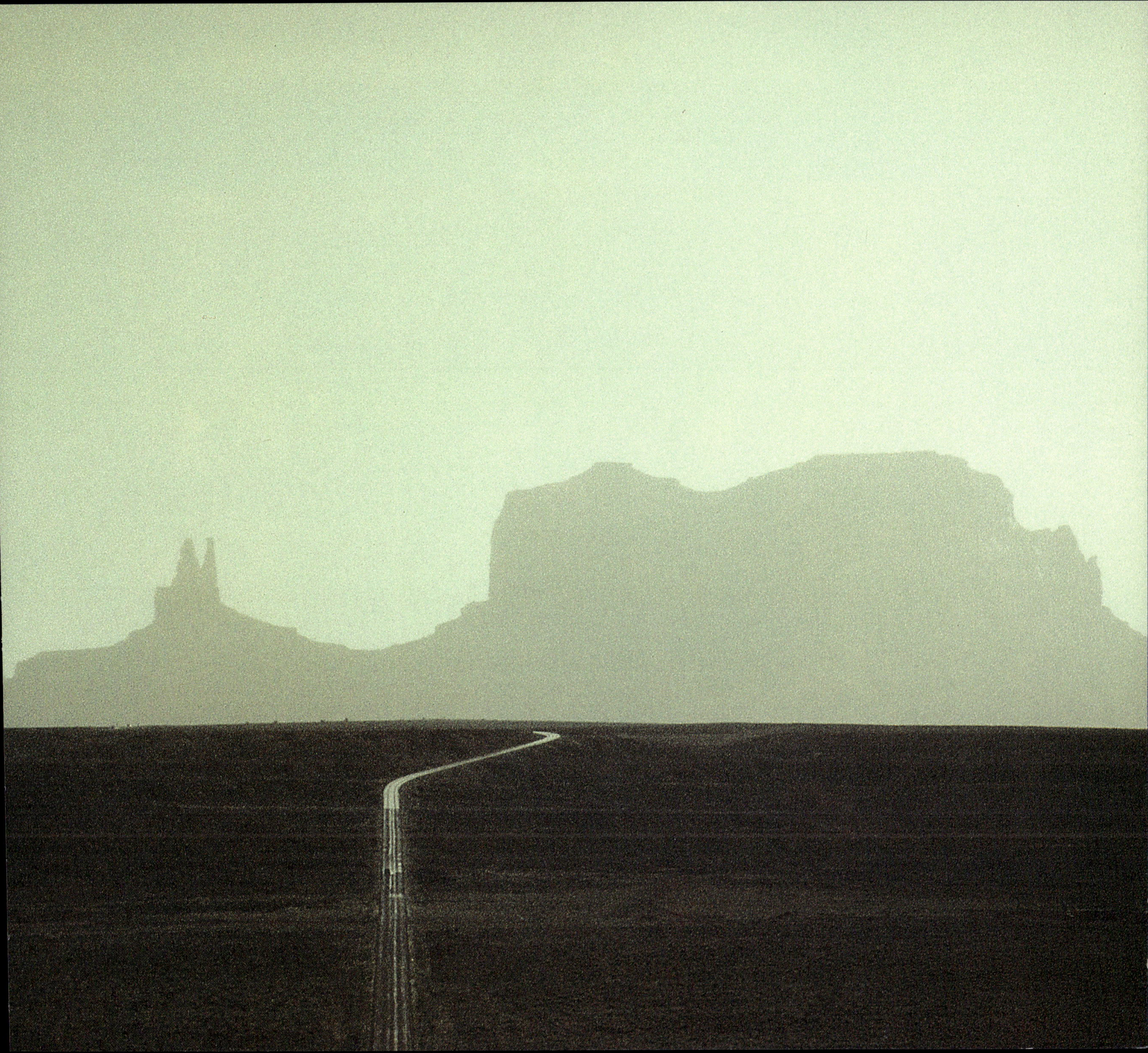

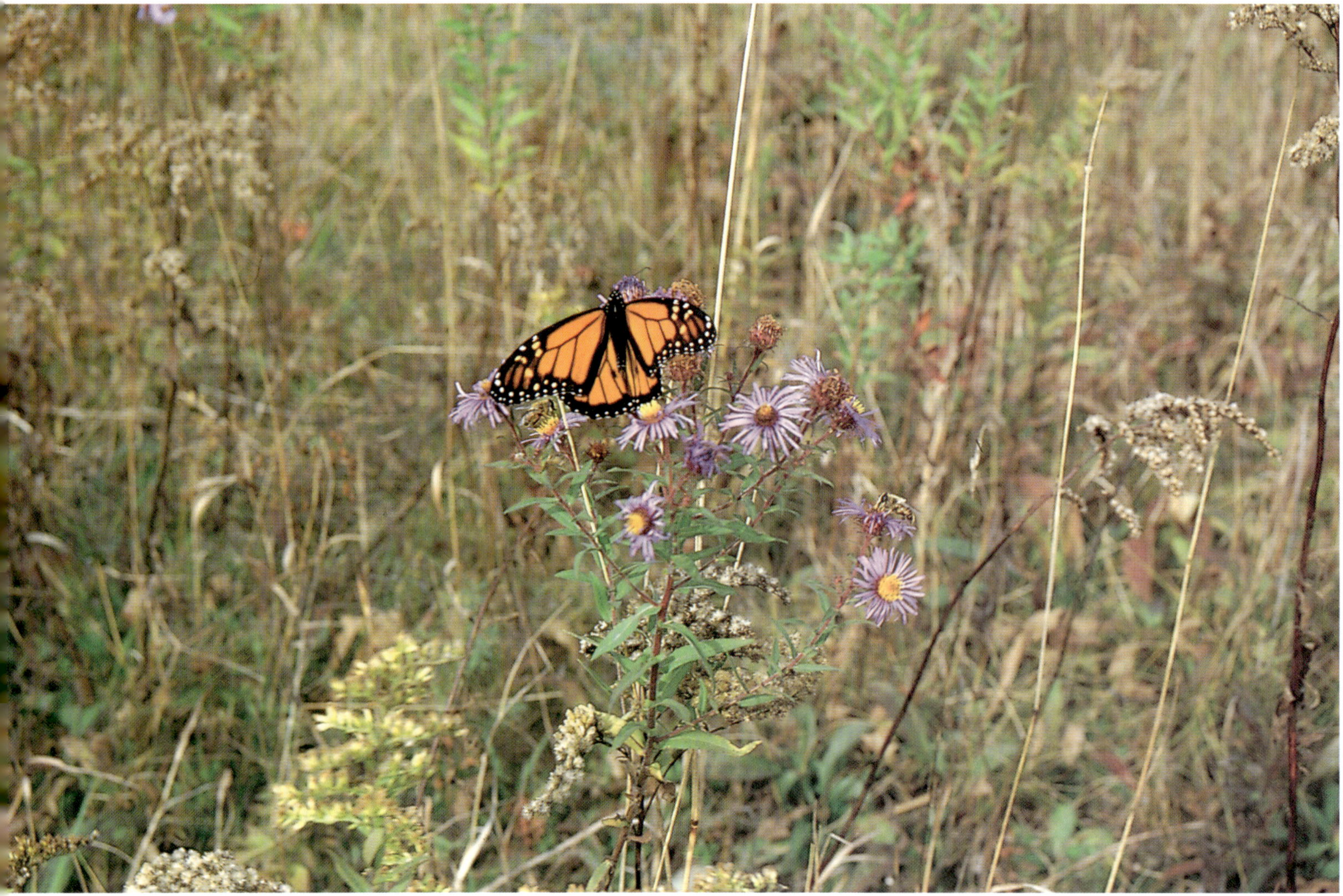

Die alten Lakota waren weise. Sie wußten, daß das Herz eines Menschen, der sich der Natur entfremdet, hart wird; sie wußten, daß mangelnde Ehrfurcht vor allem Lebendigen und allem, was da wächst, bald auch die Ehrfurcht vor dem Menschen absterben läßt.

Deshalb war der Einfluß der Natur, die den jungen Menschen feinfühlig machte, ein wichtiger Bestandteil ihrer Erziehung.

Luther Standing Bear

78

Die Wiegenlieder meines Volkes wurden von Generation zu Generation überliefert. Wir singen sie heute noch. Viele dieser Lieder erzählen davon, wie zärtlich Tiereltern für ihre Jungen sorgen; andere erzählen, woher unser Volk kommt und von den Orten, an denen wir lebten.

Mit diesen Liedern wollen wir unsere Kinder vor allem eines lehren – Ehrfurcht. Ehrfurcht und Achtung vor ihren Mitgeschöpfen. Erst wenn sie gelernt haben, andere zu achten, werden sie sich selber achten; durch diese Selbstachtung aber gewinnen sie auch den Respekt der anderen. Selbstachtung ist eine jener Eigenschaften, die meinem Volk wichtig sind und die wir unterstützen und pflegen. Ohne Selbstachtung kann der Mensch nicht leben.

Henry Old Coyote

*E*inmal in seinem Leben – so glaube ich – sollte ein Mensch sich mit seinem ganzen Wesen auf ein Stück vertrauter Erde konzentrieren. Er sollte sich einer Landschaft, die er kennt, ganz hingeben, sie aus so vielen Blickwinkeln betrachten, wie es ihm möglich ist, über sie staunen und bei ihr verweilen. In seiner Vorstellung sollte er sie zu jeder Jahreszeit mit seinen Händen berühren und ihre vielfältigen Laute in sich aufnehmen. Er sollte sich die Geschöpfe vorstellen, die dort leben, und jeden Windhauch spüren, der darüberstreicht. Er sollte in sich die Erinnerung wachrufen an das strahlende Mittagslicht und an alle die Farben der Morgendämmerung und der abendlichen Dunkelheit.

N. Scott Momaday

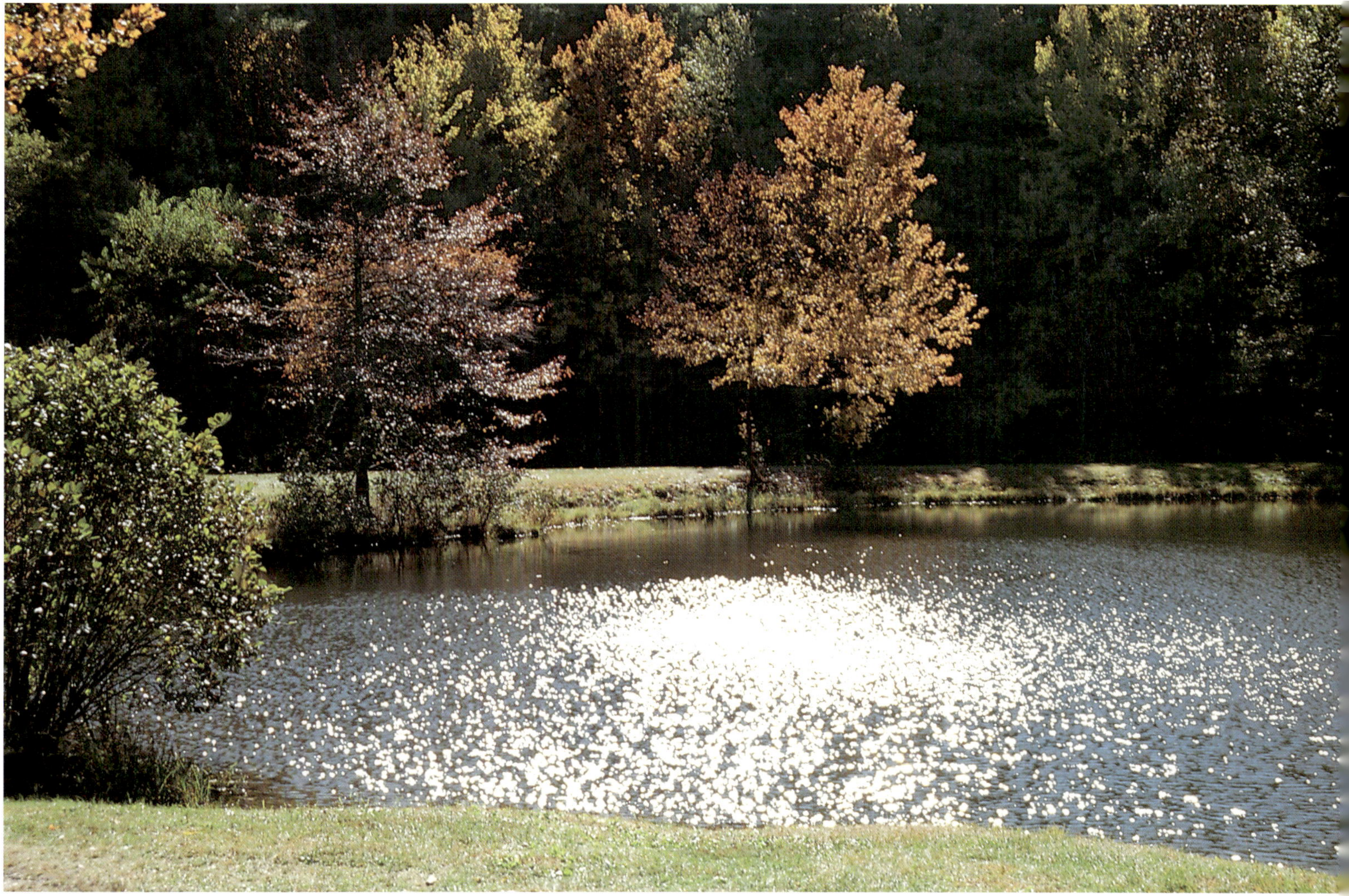

82

*E*inst wurden wir angewiesen, an unsere Kinder zu denken und so zu handeln, daß unser Land auch noch in sieben Generationen ein guter Platz zum Leben sei.

Was können wir aber heute tun, wie sollen wir vorsorgen für die siebente Generation? Wir möchten die Welt aufrufen, umzudenken und ihre Werte neu zu bestimmen. Wir möchten den großen multinationalen Konzernen bewußt machen, daß es Menschen sind, die auf dieser Erde leben – daß sie es nicht nur mit Dingen zu tun haben, die man nach Belieben gebrauchen und verändern kann. Menschen besitzen Gefühle, und sie träumen davon, daß auch ihre Enkelkinder einmal einen guten Platz zum Leben haben.

Jake Swamp

Die Gesamtzahl der Indianer in den Vereinigten Staaten beträgt nach der letzten Volkszählung nur wenig mehr als eine Million. Manche Wissenschaftler schätzen die indianische Bevölkerung vor dem Kommen der Weißen auf über 45 Millionen, andere nehmen an, es seien ungefähr 20 Millionen gewesen. Die Regierung der Vereinigten Staaten hat fast 200 Jahre lang die Phantasiezahl von 450.000 benutzt. Wenn, wie aufgrund von Erhebungen mit Nachdruck behauptet wird, etwa 25 Prozent der indianischen Frauen und 10 Prozent der Männer ohne Wissen und Zustimmung sterilisiert wurden; wenn unsere durchschnittliche Lebenserwartung nach der aktuellsten Untersuchung 45 Jahre beträgt; wenn unsere Säuglingssterblichkeit weiterhin hoch über dem landesweiten Durchschnitt liegt; wenn die Arbeitslosenrate für alle Teile unserer Bevölkerung 60 bis 90 Prozent ausmacht; wenn die US-Regierung in ihrer Politik der Umsiedlung, Vertreibung und Assimilierung fortfährt, verbunden mit der Zerstörung naturbelassener Gebiete, von Reservationsland und seinen Bodenschätzen; wenn unsere Jagd-, Fischerei-, Holznutzungs- und Wasserrechte weiterhin drastisch eingeschränkt werden – d a n n sind die Stämme immer noch vom Aussterben bedroht.

Paula Gunn Allen

85

*I*hr habt bemerkt, daß die Wahrheit mit zwei Gesichtern auf die Welt kommt: das eine ist traurig und voller Leid, das andere lacht. Und doch ist es ein und dasselbe Gesicht, ob es nun lacht oder weint.

Wenn Menschen am Verzweifeln sind, ist das lachende Gesicht besser für sie; aber wenn es ihnen zu gut ergeht und sie sich zu sicher fühlen, ist es besser für sie, das weinende Gesicht zu sehen.

Hehaka Sapa

87

*I*m Denken des Indianers ist der Kreis, der Ring ein wichtiges Symbol. Die Natur bringt alles rund hervor. Die Körper der Menschen und der Tiere haben keine Ecken. Für uns bedeutet der Kreis die Zusammengehörigkeit von Menschen, die gemeinsam um das Feuer sitzen, Verwandte und Freunde in Eintracht, während die Pfeife von Hand zu Hand geht. Das Lager, in dem jedes Tipi seinen bestimmten Platz hatte, war ebenfalls ein Ring. Auch das Tipi selber war ein Kreis, in dem Menschen im Kreis saßen, und alle Familien eines Dorfes waren Kreise im größeren Kreis, Teil des großen Ringes der sieben Lagerfeuer der Sioux, die zusammen ein Volk bildeten. Dieses Volk wieder war nur ein kleiner Teil des Universums, das kreisförmig ist und aus der Erde, der Sonne, den Sternen besteht, die alle rund sind. Mond, Horizont, Regenbogen – auch sie sind Kreise in größeren Kreisen, ohne Anfang, ohne Ende.

All das ist für uns schön und voller Bedeutung; Symbol und Wirklichkeit zugleich, drückt es die Harmonie von Leben und Natur aus. Unser Kreis ist zeitlos, steht nie still; aus dem Tod geht neues Leben hervor – Leben, das den Tod besiegt.

Das Symbol des weißen Mannes dagegen ist das Viereck. Viereckig sind seine Häuser und Bürogebäude, und sie haben Wände, die die Menschen voneinander abschließen. Viereckig ist die Tür, die dem Fremden den Eintritt verwehrt, der Geldschein, das Gefängnis. Viereckig sind auch die Geräte der Weißen – nichts als Schachteln und Kisten – Fernsehapparate, Radios, Waschmaschinen, Computer, Autos. Alles hat Ecken und scharfe Kanten – selbst die Zeit ist nicht mehr rund, die Zeit des weißen Mannes, bestimmt von Terminen, Stechuhren und Stoßzeiten.

Lame Deer

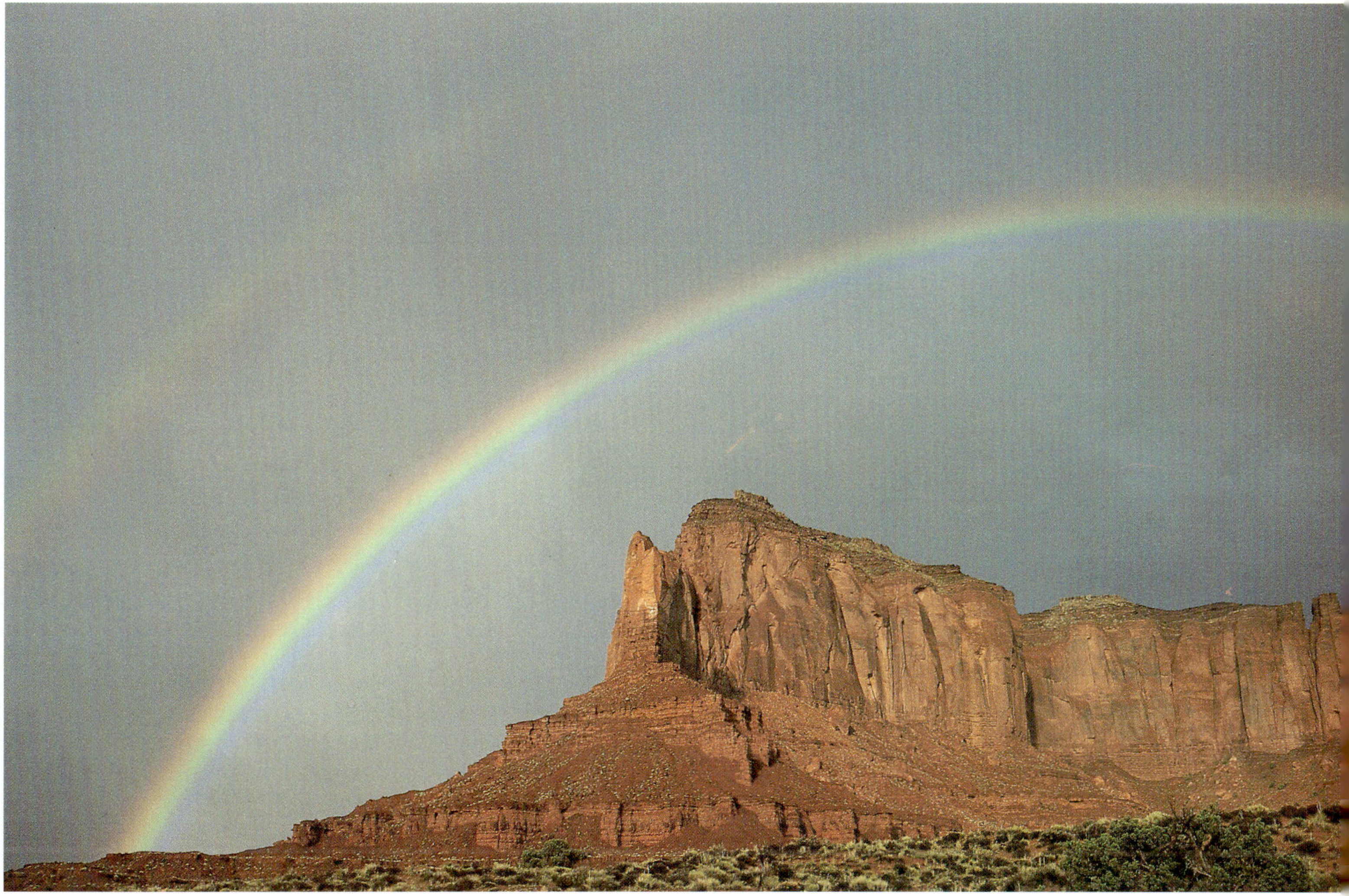

90

*I*hr verbreitet Tod, ihr kauft und verkauft Tod, aber ihr verleugnet ihn; ihr wollt ihm nicht ins Gesicht sehen. Ihr habt den Tod steril gemacht, unter den Teppich gekehrt, ihn seiner Würde beraubt.

    Wir Indianer jedoch denken noch an den Tod, denken viel über ihn nach. Auch ich tue es. Heute wäre ein guter Tag zum Sterben – nicht zu heiß, nicht zu kalt –, ein Tag, an dem etwas von mir zurückbleiben könnte, um noch ein wenig hier zu verweilen. Ein vollkommener Tag für einen Menschen, der an das Ende seines Weges kommt. Für einen Menschen, der glücklich ist und viele Freunde hat.

Lame Deer

Alte Menschen genossen wegen ihrer Lebenserfahrung großes Ansehen und wurden nie als nutzlos beiseite geschoben. Kinder waren ihren Eltern eng verbunden, und so kam es, daß alte Menschen bis zu ihrem Tod umsorgt und geachtet wurden. Sie hatten niemals Grund, sich unnütz oder unerwünscht zu fühlen, denn es gab Aufgaben, die nur von den Alten ausgeführt wurden, und die jungen Leute wurden dazu angehalten, den Älteren stets mit Respekt zu begegnen.

Luther Standing Bear

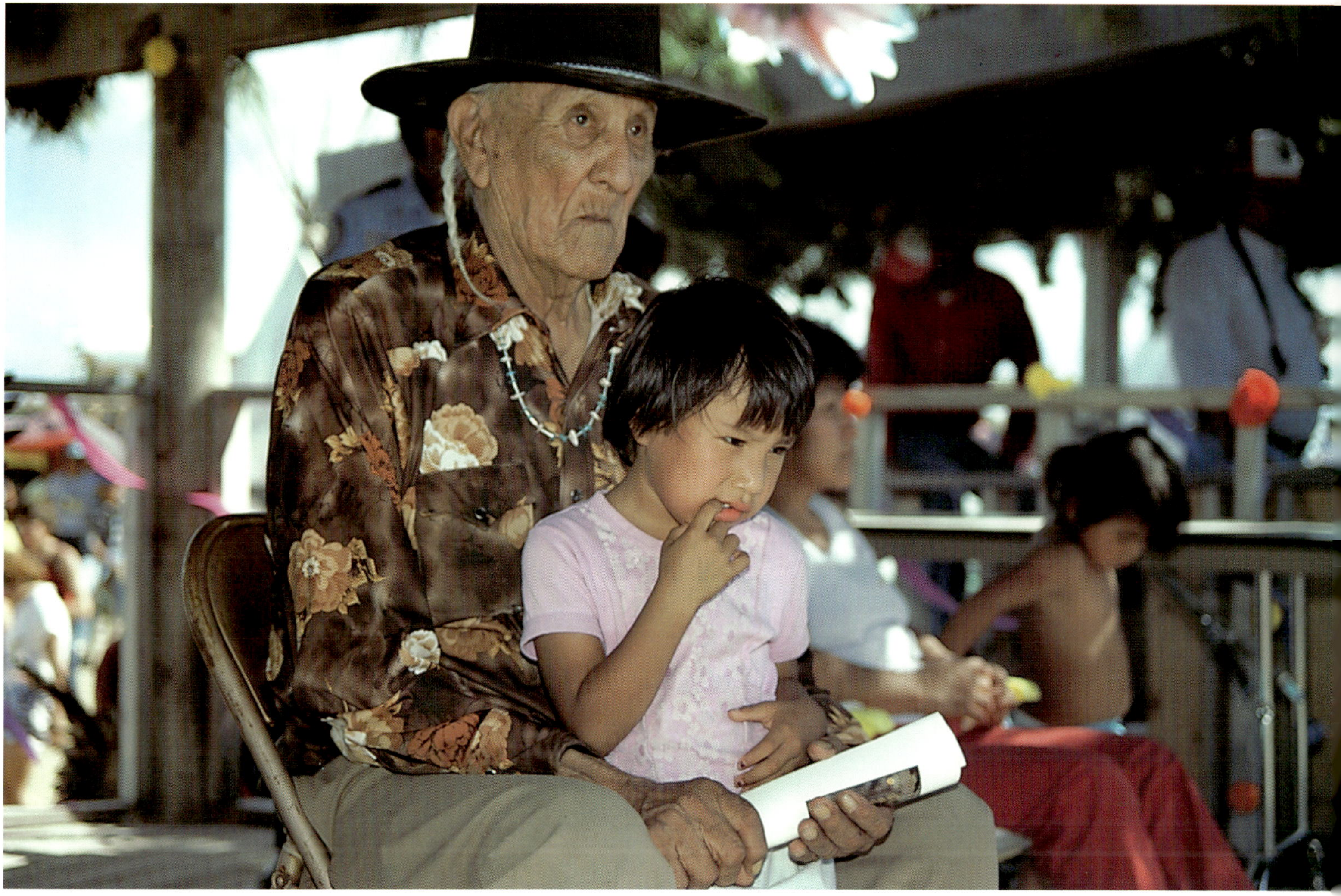

94

*F*riede ist nicht nur das Gegenteil von Krieg, nicht nur der Zeitraum zwischen zwei Kriegen – Friede ist mehr. Friede ist das Gesetz menschlichen Lebens. Friede ist dann, wenn wir recht handeln und wenn zwischen jedem einzelnen Menschen und jedem Volk Gerechtigkeit herrscht.

Spruch der Mohawk

Als wir den Schlangenberg bestiegen

    feste Griffe
        für meine Hände suchend
    fasse ich in warmen Fels
        und fühle beim Klettern den Berg.

irgendwo   irgendwo hier
    schläft die gelbgefleckte Schlange
          auf einem Stein
              in der Sonne.

bitte,
    sage ich zu den andern,
          paßt auf,
tretet nicht auf die gelbgefleckte Schlange,
          sie lebt hier.
              Der Berg gehört ihr.

Leslie Silko

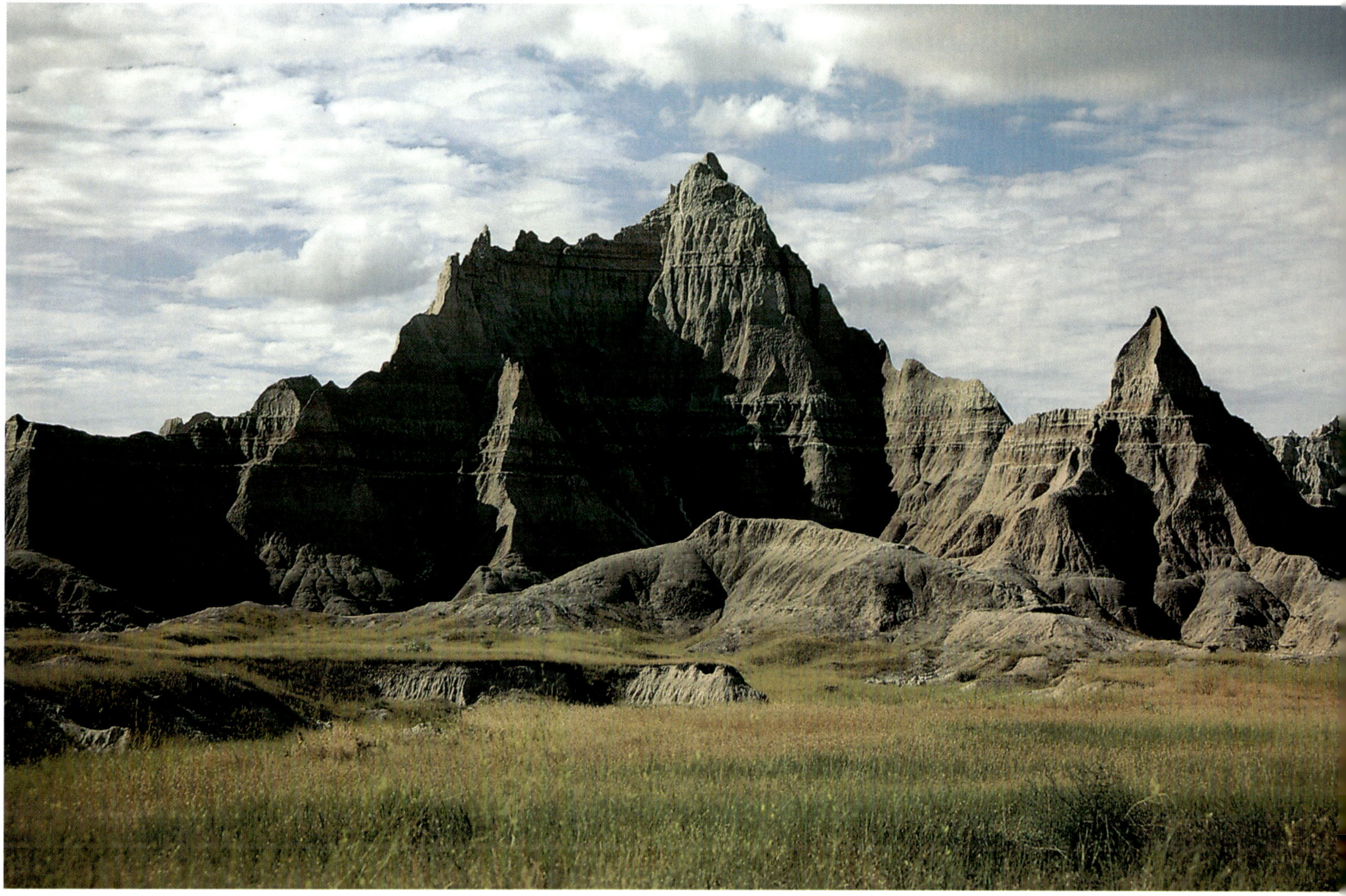

98

Am Strand

Wie Sand
der einmal Stein war
bevor er zu Staub wird
müssen auch wir
an bestimmten Orten gewesen sein
bevor wir weitergehen
zu anderen

Joseph Bruchac

Bei uns Sioux gibt es keine Kluft zwischen den Generationen, wie man sie bei euch findet. Wir halten es für richtig, unsere jungen Leute so zu leiten, daß sie unseren Platz einnehmen können; das ist der Weg, den die Natur uns zeigt.

Vielleicht ist diese Bereitschaft, mit den Jungen unsere Macht zu teilen, der Grund dafür, daß bei uns die Alten geliebt und geachtet werden und daß den Generationen das Gespräch miteinander leichtfällt.

Lame Deer

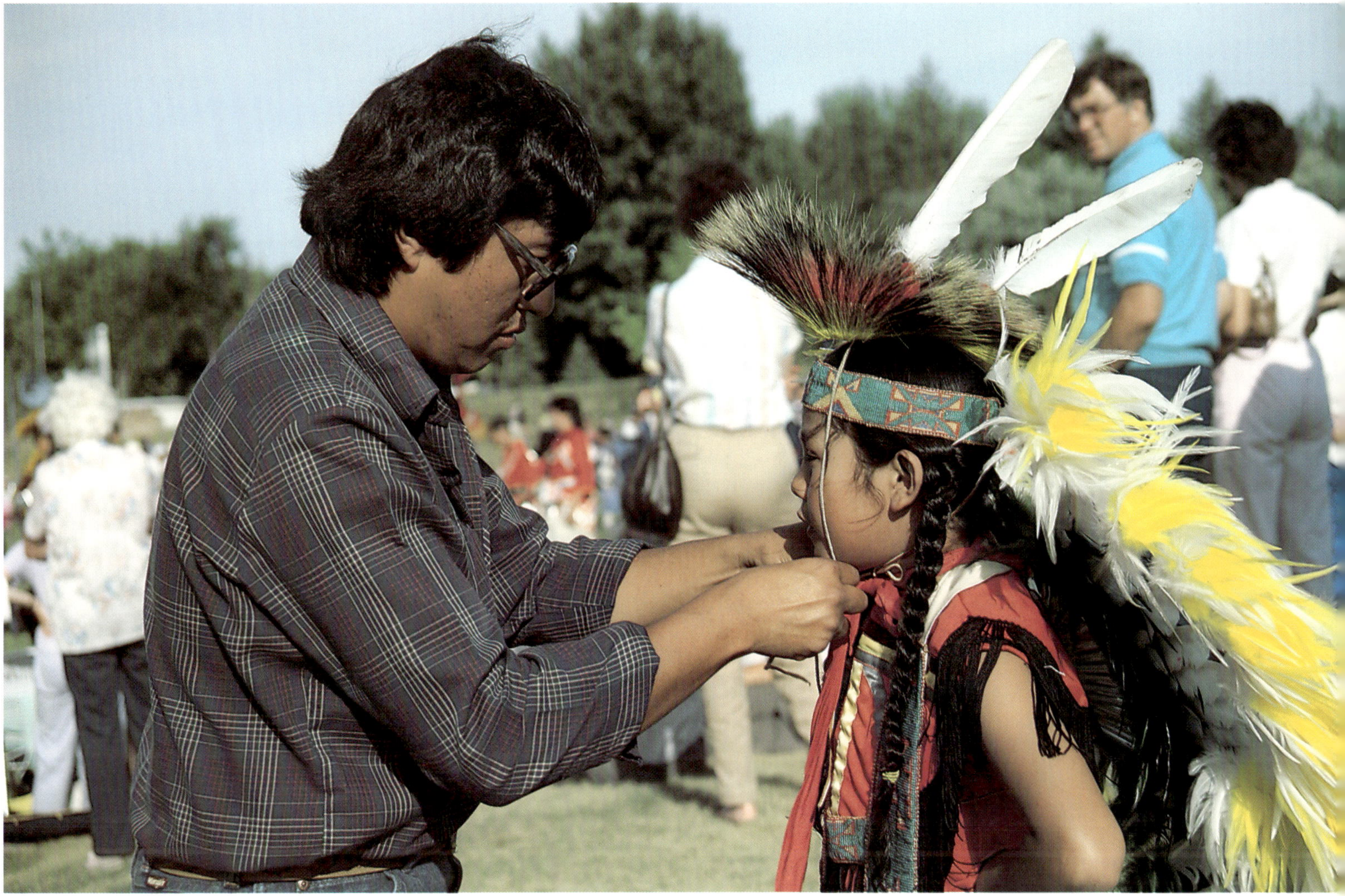

*I*m Stamm der Lakota war jeder gern bereit, Kinder zu betreuen. Ein Kind gehörte nicht nur einer bestimmten Familie an, sondern der großen Gemeinschaft der Sippe; sobald es gehen konnte, war es im ganzen Lager daheim, denn jeder fühlte sich als sein Verwandter.

Meine Mutter erzählte mir, daß ich als Kind oft von Zelt zu Zelt getragen wurde und sie mich an manchen Tagen nur hie und da zu Gesicht bekam. Niemals sprachen meine Eltern oder Verwandten ein unfreundliches Wort zu mir, und niemals schalten sie mich, wenn ich etwas falsch gemacht hatte. Ein Kind zu schlagen, war für einen Lakota eine unvorstellbare Grausamkeit.

Luther Standing Bear

103

104

Schon sehr früh begann ein Kind zu begreifen, daß es ringsum viel zu beobachten und viel zu erfahren gab. Den Begriff „Leere" kannten wir nicht. In der Welt um uns war nichts bedeutungslos, nicht einmal der Himmel war leer oder stumm.

Überall war Leben, sichtbar und unsichtbar, und jedes Ding, jedes Wesen besaß etwas, von dem wir lernen konnten – selbst ein Stein. Das weckte eine große Anteilnahme am Leben. Keiner war je allein, auch wenn er nicht in Gesellschaft anderer war. Die Welt war erfüllt von Leben und Weisheit; völlige Einsamkeit gab es für einen Lakota nicht.

Luther Standing Bear

Erziehung zur Stille, zum Schweigen begann schon sehr früh. Wir lehrten unsere Kinder, still zu sitzen und Freude daran zu haben. Wir lehrten sie, ihre Sinne zu gebrauchen, die verschiedenen Gerüche aufzunehmen, zu schauen, wenn es allem Anschein nach nichts zu sehen gab, und aufmerksam zu horchen, wenn alles ganz ruhig schien. Ein Kind, das nicht stillsitzen kann, ist in seiner Entwicklung zurückgeblieben.

Luther Standing Bear

107

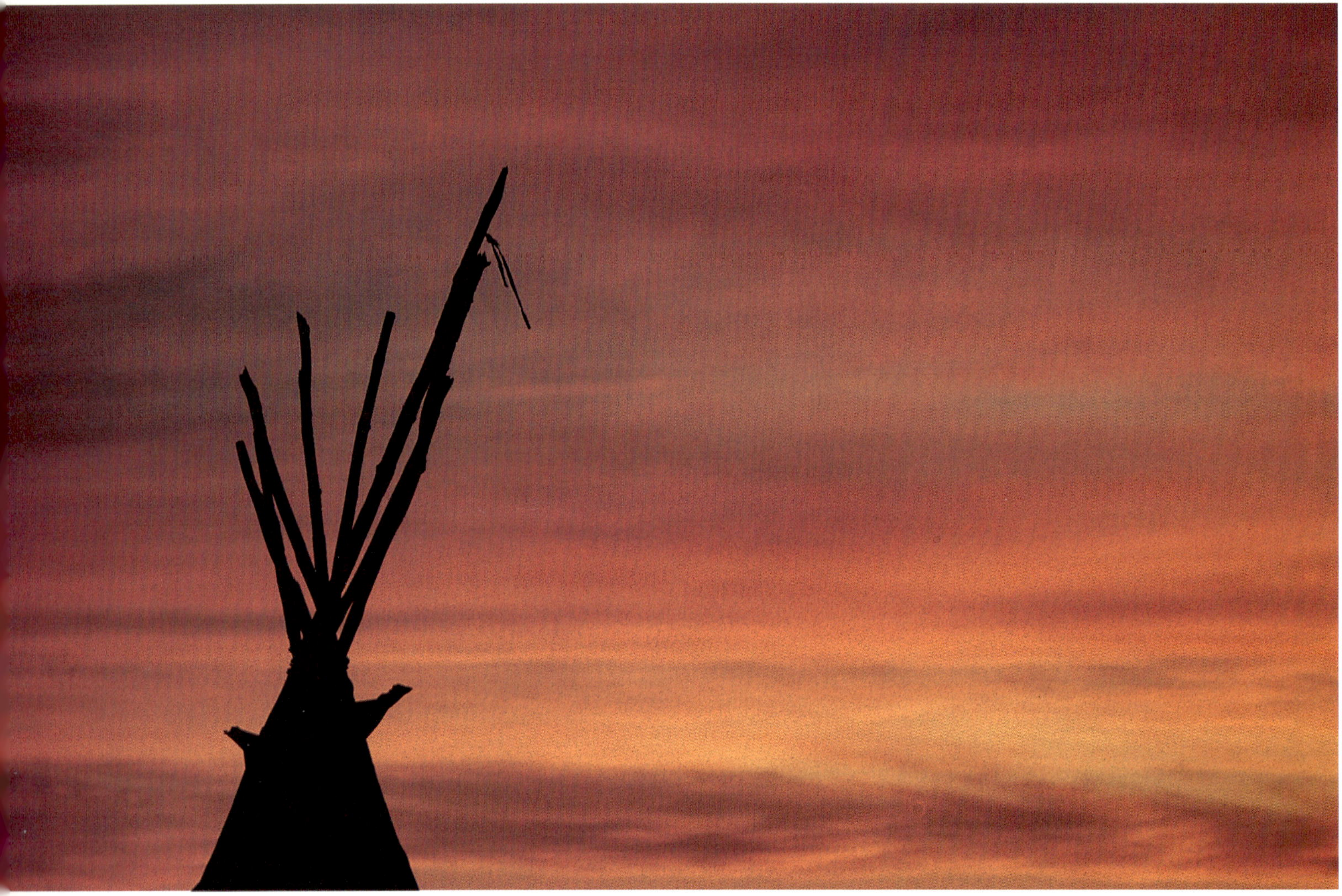

großvater

großvater
mein herz blickt auf dich
roter salbei des sonnenuntergangs
abendstern
der nachtfalke singt
deinen namen

Lance Henson

Das Freudenlied des Tsoai-talee

Ich bin eine Feder am hellen Himmel
Ich bin das blaue Pferd, das über die Prärie läuft
Ich bin der Fisch, der funkelnd im Wasser schwimmt
Ich bin der Schatten, der einem Kind folgt
Ich bin das Abendlicht auf den Wiesen
Ich bin ein Adler, der mit dem Wind spielt
Ich bin eine Handvoll bunter Perlen
Ich bin der fernste Stern
Ich bin die Morgenkühle
Ich bin das Rauschen des Regens
Ich bin das Glitzern auf harschigem Schnee
Ich bin der Pfad des Mondes auf dem Wasser
Ich bin eine vierfärbige Flamme
Ich bin ein Hirsch, der fern in der Dämmerung steht
Ich bin ein Feld voll Sumach und Prärierüben
Ich bin der Keil ziehender Gänse am Winterhimmel
Ich bin der Hunger des jungen Wolfes
Ich bin der Traum, der all dies umschließt

Sieh, ich lebe, ich lebe
Ich habe Freundschaft mit der Erde geschlossen
Ich habe Freundschaft mit den Göttern geschlossen
Ich habe Freundschaft geschlossen mit allem, was schön ist
Ich habe Freundschaft geschlossen mit der Tochter des Tsen-tainte
Sieh, ich lebe, ich lebe

N. Scott Momaday

III

*I*ch habe noch mehr

Ich kann es mir nicht
vorstellen
ein Volk ohne Zuhaus
und doch sehe ich
täglich
wie sie ziellos umherirren
wie sie verzweifelt
nach Wurzeln und Dingen suchen
die ihrem Leben
einen Sinn geben sollen

Armer weißer Mann
in deiner Wut
in deinem Glanz
in all deinem Wohlstand
hast du dein Erbe
verloren
jetzt willst du meines
da
nimm es
ich habe noch mehr

John Twobirds Arbuckle

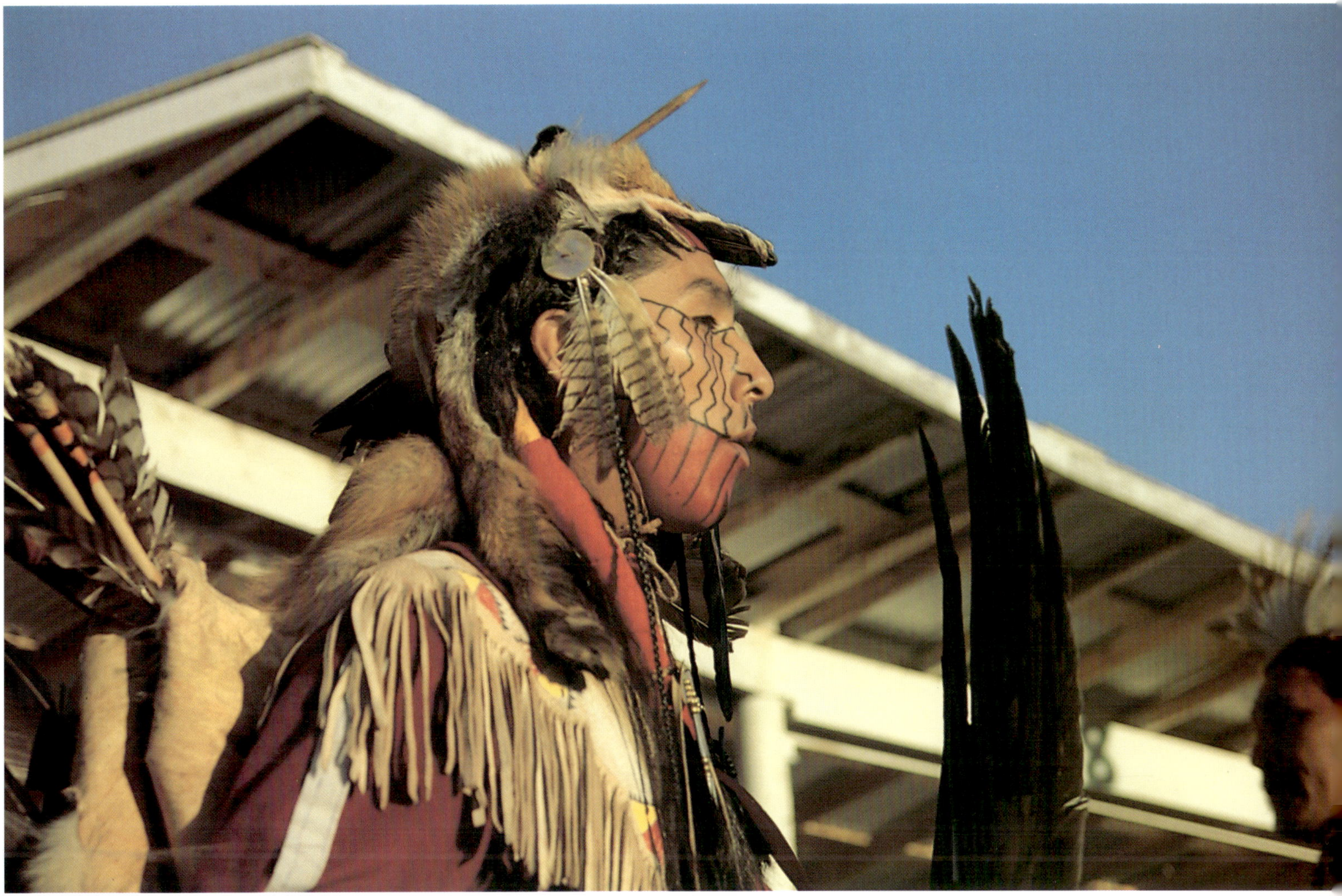

114

*I*ch habe ein neues Sprichwort erfunden: „Die Indianer jagen der Vision nach, die Weißen dem Dollar." Wir sind ein unbrauchbarer Rohstoff, um Kapitalisten daraus zu machen. Wir geben auch keine guten Farmer ab, denn tief in uns lebt das Bewußtsein fort, daß kein Mensch das Land, das Wasser, die Luft, die Erde und was unter ihrer Oberfläche liegt als Privateigentum besitzen kann. All das gehört allen gemeinsam, und wenn die Menschen überleben wollen, sollten sie diesen indianischen Standpunkt übernehmen, je schneller, desto besser – es bleibt nicht mehr viel Zeit, darüber nachzudenken.

Lame Deer

Birdfoots Großvater

Der alte Mann
hatte unser Auto
wohl schon Dutzende Male angehalten,
um hinauszuklettern
und die kleinen Kröten aufzulesen,
die vom Scheinwerferlicht geblendet
wie lebendige Regentropfen
auf der Straße hüpften.

Regen fiel,
sein weißes Haar leuchtete im Nebel,
und ich sagte immer wieder:
Du kannst sie nicht alle retten,
finde dich ab damit, steig wieder ein,
wir müssen weiter, wir haben ein Ziel.

Er aber, die ledrigen Hände voll
von nassem braunem Leben,
knietief im Sommergras an der
Straßenböschung stehend,
er lächelte nur und sagte:
Auch sie müssen weiter, auch sie
haben ein Ziel.

Joseph Bruchac

117

118

Woher wüßten wir, wie wir leben sollen, wenn wir nicht an etwas glaubten, das größer ist als wir? Wer würde uns lehren zu leben?

Wer sagt dem Baum, wann die Zeit kommt, seine kleinen Blätter auszutreiben? Wer sagt diesen Drosseln da, daß es warm geworden ist und sie wieder nach Norden fliegen können? Vögel und Bäume hören auf etwas, das weiser ist als sie. Von sich aus würden sie es niemals wissen.

Oft sitze ich allein in der Wüste und schaue die Lilien an und all die hübschen kleinen rosa Blüten und frage mich: „Wer hat euch gesagt, daß es Frühling ist und daß ihr blühen sollt?" Und ich denke und denke nach, und immer komme ich auf dieselbe Antwort. Das, was größer ist als wir, lehrt alle Lebewesen, was sie tun sollen. Wir sind wie die Blumen. Wir leben und wir sterben, und aus uns selbst heraus wissen wir nichts. Aber das, was größer ist als wir, lehrt uns – lehrt uns, wie wir leben sollen.

Chiparopai

120

Wind-Lied

Weit draußen im Wüstengebirge
steht der Kaktus.
Schau, die Blüten schwingen
hin und her, die Blüten schwingen, schwingen . . .

Hal Antonio

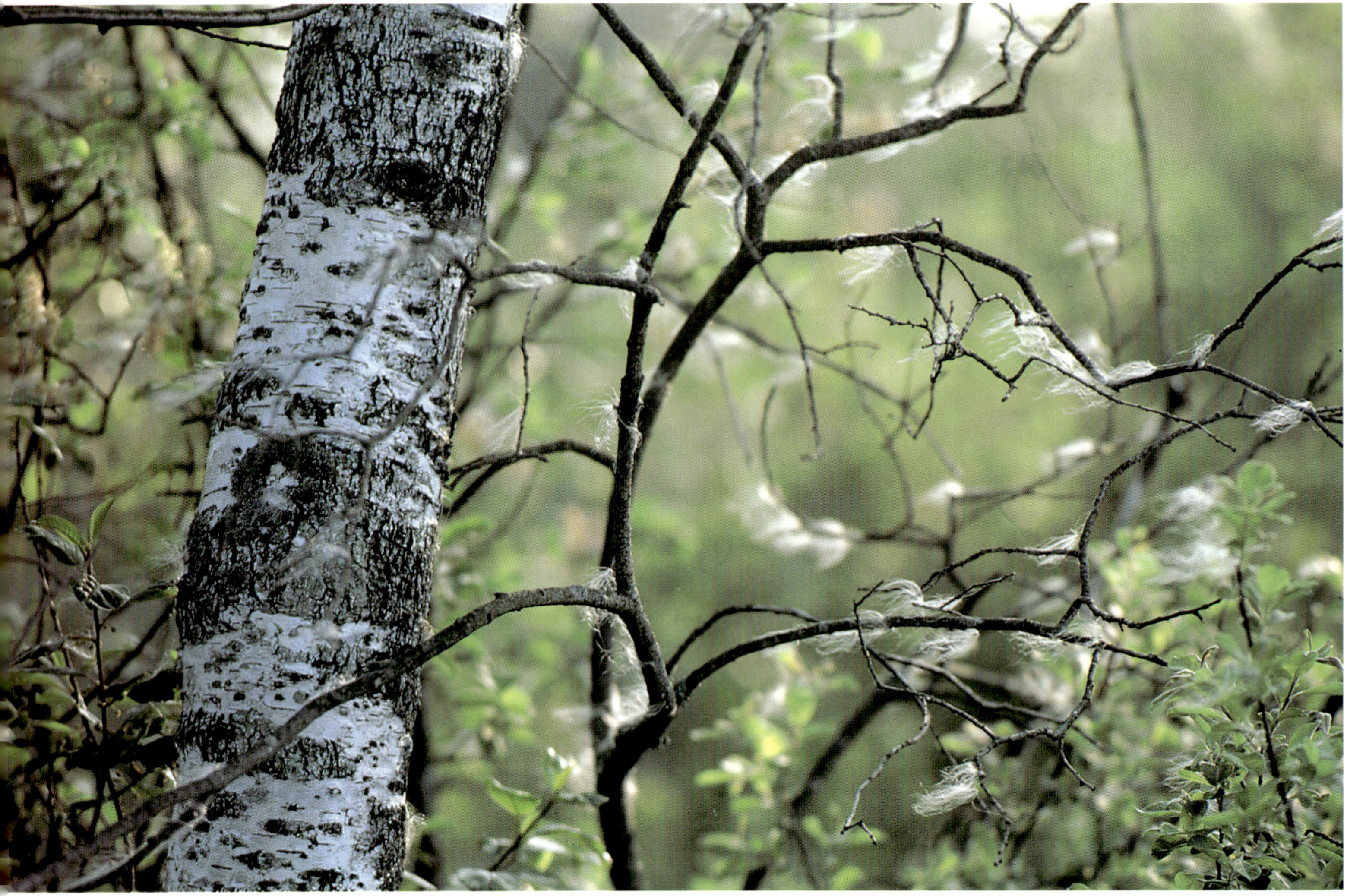

Der Sommer ging zu Ende. Wir sammelten Birkenrinde, aus der Mutter Schüsseln und Behälter für den Wintervorrat anfertigte. Das Ablösen der Rinde vom Stamm erforderte Übung und Geschick, denn wir wollten den Baum nicht verletzen. Wenn wir zu tief schnitten, blieb eine Narbe zurück; dann wuchs die neue Rinde nicht mehr glatt nach.

    Mutter zeigte uns genau, wie man es machte. Wir ritzten die Rinde mit einem scharfen Messer und achteten darauf, nur bis zur Innenschicht zu schneiden. Es schien uns, als habe der Große Geist die Innenschicht wachsen lassen, damit wir wußten, wie tief wir schneiden durften. Wir Chippewa hatten gelernt, niemals etwas zu zerstören, was uns die Natur geschenkt hatte. Wenn wir beim Ablösen der Rinde vorsichtig waren, würde uns derselbe Baum im nächsten Jahr wieder Rinde geben.

John Rogers

*L*iebt eure Kinder

um ihrer selbst willen, nicht ihrer Leistungen wegen.

Basil Johnston

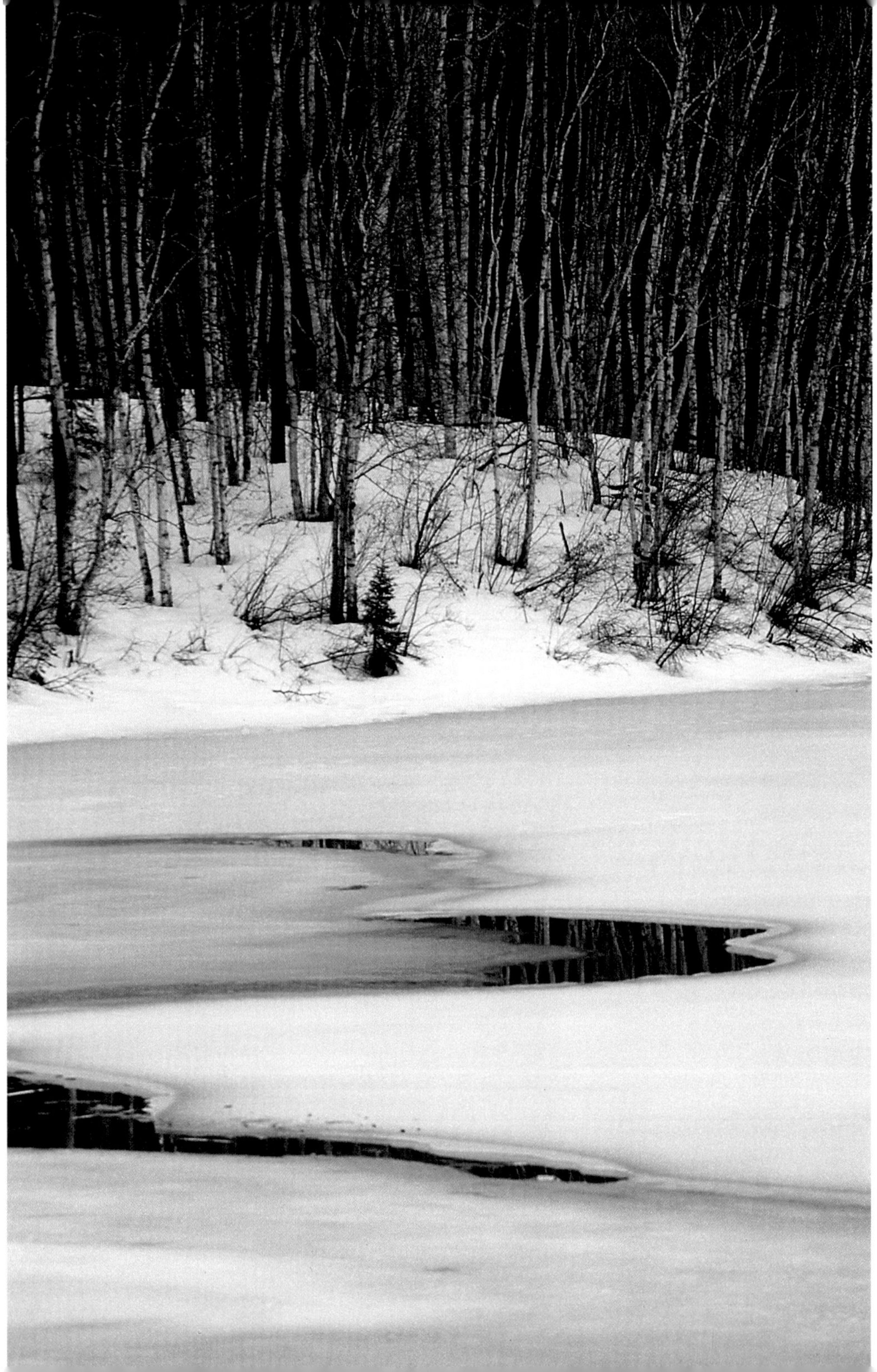

holzhacken auf robbie und lesa mcmurtrys farm
bei morris, oklahoma

ein graureiher fliegt vorbei
seine flügel verbinden sich
mit dem winternackten astwerk der bäume
an diesem morgen hacke ich holz mit der axt meines bruders
prüfe die maserung eines rotulmenscheits
spalte es mit einem einzigen schlag
der laut schwingt über einen kleinen wassertümpel
verhallt im kreis rings um mich
später als ich das holz aufstaple
und harzgeruch die luft erfüllt
führe ich ein kleines eichenstück zum mund
den süßen trockenen holzkern kauend
wende ich mich nach osten
im morgendunst dieses neuen tages
und bitte den wind mir etwas zu schenken
etwas heiteres und helles
das ich mitnehmen
und zurücklassen möchte

Lance Henson

der schnee macht den wind sichtbar

der schnee macht den wind sichtbar schau nur genau
du kannst die umrisse seines körpers sehen
die arme des windes die beine des windes
die schwirrenden flügel des windes
das gesicht des windes die großen augen des windes
der schnee macht die stimme des windes sichtbar
der wind flüstert und der wind heult
der wind sagt dir geheimnisse ins ohr
der schnee macht die gedanken des windes sichtbar
der wind ist immer irgendwohin unterwegs
horch
er wird dir sagen wo er daheim ist.

Norman H. Russell

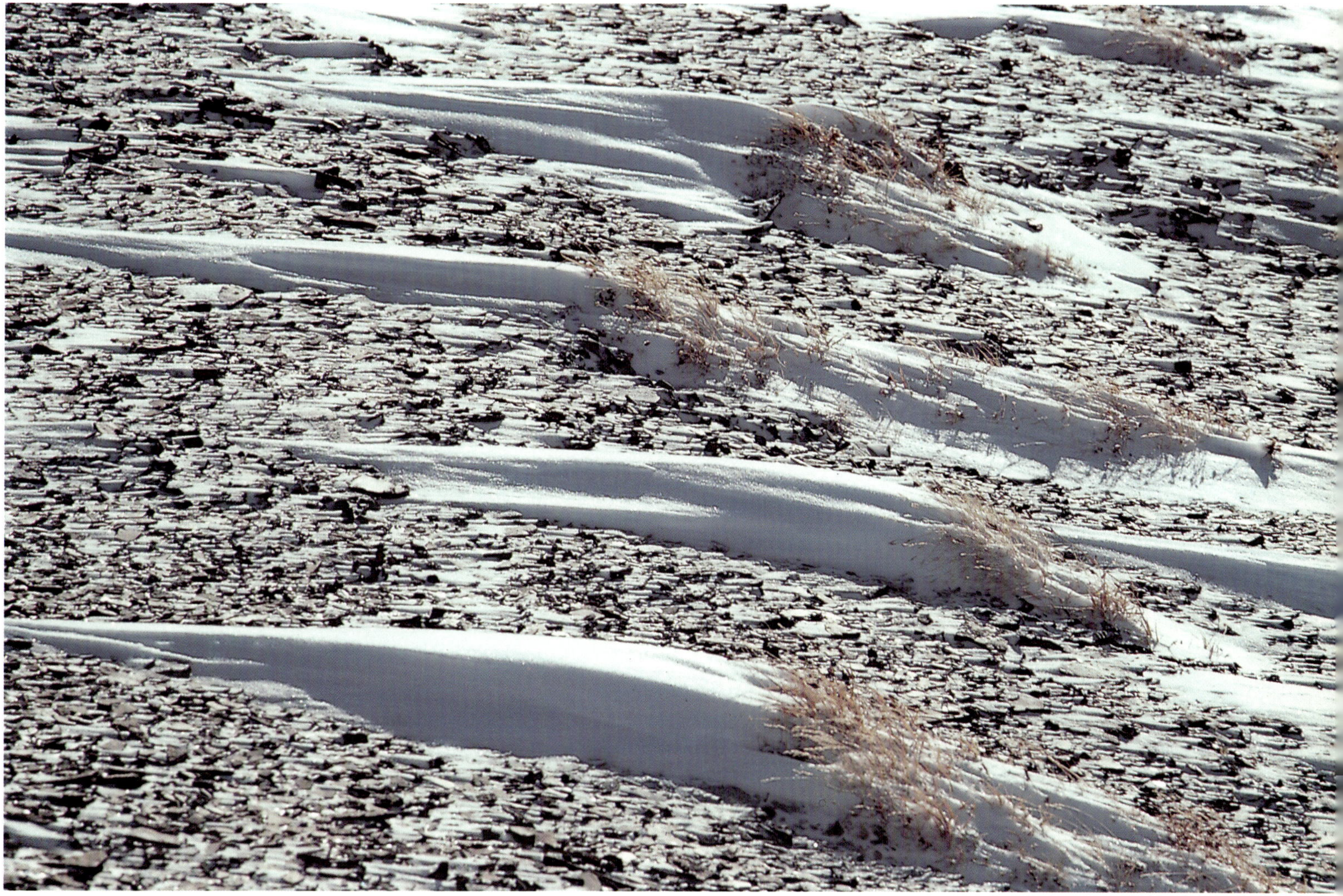

Liebeslied

Ein Tauchervogel!
So dachte ich.
Doch es war der Ruderschlag
meines Geliebten.

Lied einer Chippewa

131

132

Slim Man Canyon
für John, Mai 1972

Vor 700 Jahren
        lebten hier Menschen
        floß hier sanft das Wasser
        und die Sonne wärmte die Kürbisblüten.
Es war vor 700 Jahren
        ich erinnere mich
da waren sie
        tief unten in diesem Canyon
        die Sandsteinwände ragten
        über ihnen auf.
Der Fels, die Stille, der hohe Himmel und das fließende Wasser
        das Sonnenlicht in den Pappelblättern
        der Duft der Weidenbäume im Wind
                vor 700 Jahren.
Der Rhythmus,
        die kraftvolle Bewegung der Pferde
            durch tiefen hellen Sand.
Dort, wo ich herkomme, ist es auch so
        die Wärme, der Duft und die Stille.
Blauer Himmel und in der Ferne Regenwolken
        wir reiten miteinander
vorbei an den Felsen, die Geschichten erzählen
            auf Stein gemalte Lieder . . .
        Es war ein Mann, der liebte eine Frau
        vor siebenhundert Jahren.

Leslie Silko

Großvater
von Kräutern duftende Canyons
erzählen mir von dir
das Echo der Taubenrufe
wiederholt deinen Namen
ich spüre deine Gegenwart
meine Stimme dankt dir
Vogel
Insekt
Fels
Baum
beten mit mir
danke Großvater

Bill Emery

Großvater:
Name für den Schöpfer der Welt

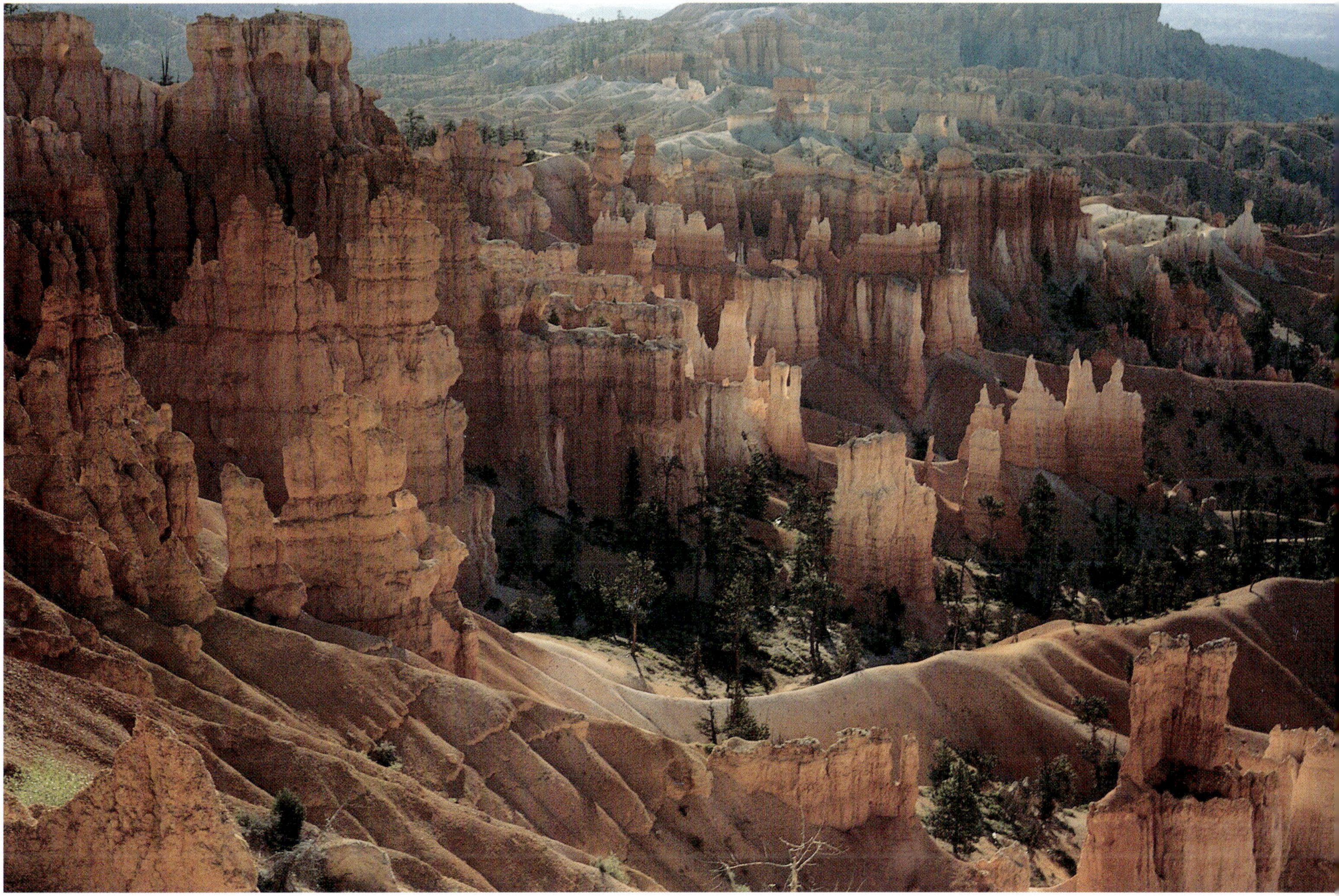

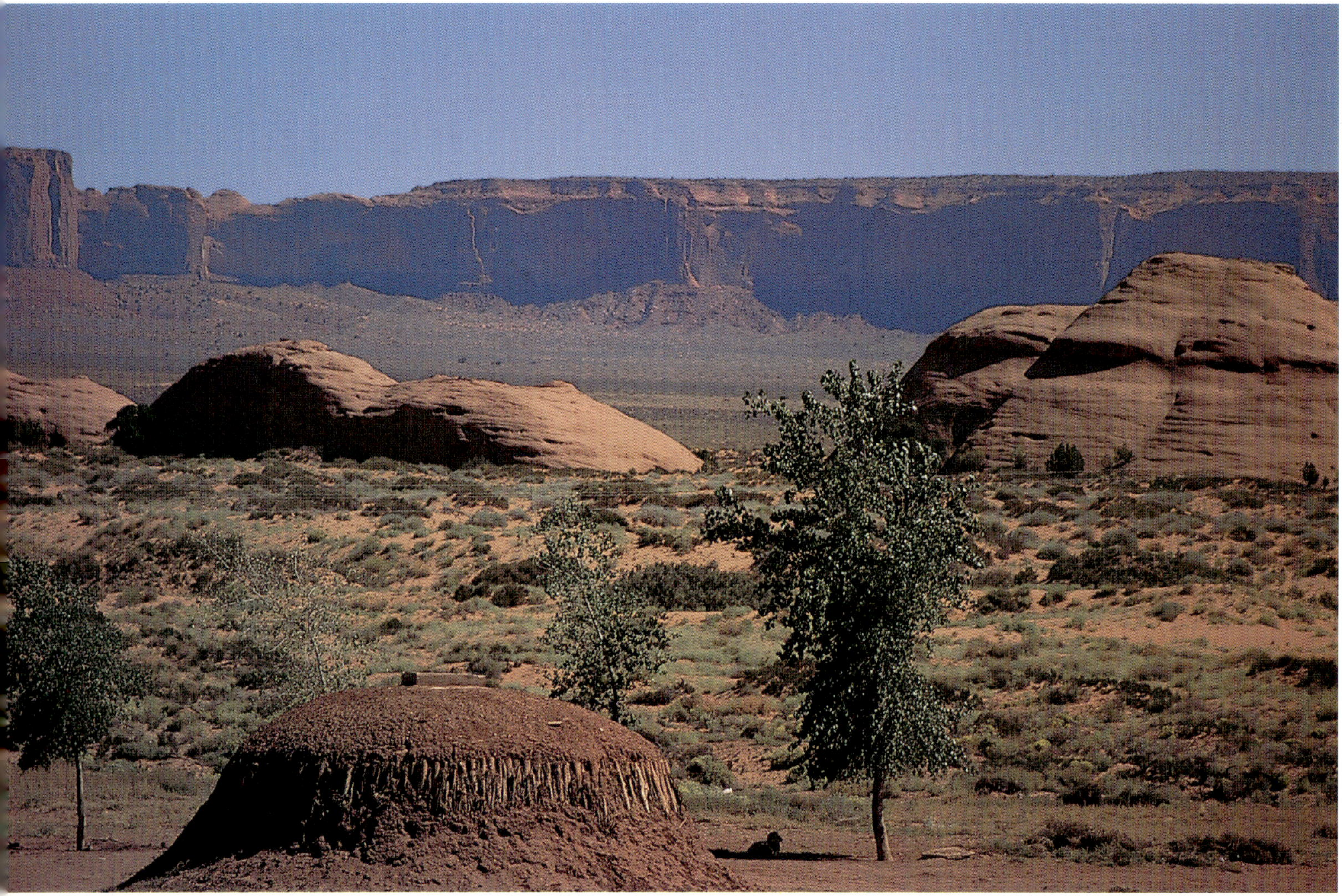

So ist es heute:
Vom Wasserloch zu Fuß erreichbar
Arbeiten Ölpumpen rund um die Uhr,
    und in weniger als einer Tagesfahrt
        erreicht man Fabriken, die Lenkwaffen erzeugen,
        Raketen und Geräte des Weltraumzeitalters.
So ist es heute,
    aber jene Navajo haben nichts davon,
    die das Wasser für ihren Haushalt
    aus Wasserlöchern holen müssen
    und mit Pferdewagen
    zu ihren erdbedeckten Hogans transportieren.
So ist es heute.
Ein romantisches Bild,
    vorausgesetzt, daß der Betrachter
    daheim über Fließwasser verfügt
    und das Fahrzeug, das ihn
    ins Land der Navajo bringt,
    von einem Motor angetrieben wird
    mit dreihundert Pferdestärken.
So ist es heute,
    aber die Navajo wollen kein Mitleid.
Sie, die braunes Wasser trinken
    und mit Pferdewagen fahren,
    finden darin Schönheit.
Das ist ihr Reichtum,
Heute.

David W. Martinez

138

In diesem Zeitalter der Konformität, da kulturelle Unterschiede meist als Zeichen mangelnder Anpassung oder gar als „wunderlich" gelten, ist es wahrscheinlich ein Akt extremer Unangepaßtheit, wenn man überzeugt ist, daß solche Unterschiede notwendig, wertvoll, ja sogar unentbehrlich sind. Ich meine damit nicht nur die äußerliche Verschiedenheit, sondern jene, die tiefer liegt und einen inneren Wert besitzt; jenes Anderssein, das einem jeden von uns seine individuelle Prägung gibt. Der Stolz, kulturelle Unterschiede mit unserer Umgebung zu teilen, der Stolz, die Eigenheiten anderer nicht nur zu akzeptieren, sondern möglichst umfassend zu verstehen – das ist ein Leitthema in der Symphonie kultureller Bereicherung.

Louis W. Ballard

Ich gebe die Hoffnung nicht auf, daß wir alle voneinander lernen werden. Wir müssen es tun. Wir alle gehören zusammen und haben aneinander teil.

Simon J. Ortiz

141

Autorenverzeichnis
(nach der Reihenfolge der Texte)

Tatanga Mani (Walking Buffalo), Häuptling der Stoney-Indianer, lebte von 1871 bis 1967

Henry Old Coyote, geboren 1912, Medizinmann der Crow (Krähen-Indianer)

Kalentakowa, Schülerin der Akwesasne Freedom School in der Reservation der Mohawk

Pete Catches, Medizinmann der Dakota (Sioux)

N. Scott Momaday, Cherokee/Kiowa, geboren 1934, Universitätsprofessor, Autor von Gedichten, Essays und Romanen

Young Chief, Häuptling der Cayuse, Rede anläßlich der Ratsversammlung 1855 im Walla-Walla-Tal

Louis Oliver (Littlecoon), Muskogee-Creek, geboren um 1900, Lyriker, Jäger und Fischer

Joseph Bruchac, geboren 1942, von indianischer (Abenaki) und slowakischer Abstammung, Lyriker, Erzähler, Sammler von „folk-tales"

Basil Johnston, Ojibway, Dozent für Ethnologie und Schriftsteller, lebt in Ontario (Kanada)

Maurice Kenny, Mohawk, geboren 1929, Schriftsteller, Herausgeber und Verleger

Karen Coody Cooper, Mitarbeiterin des American Indian Archaeological Institute in Washington

Lame Deer (Tahca Ushte), Medizinmann der Sioux, geboren um 1900, gestorben 1974

Carol Cornelius, Mohawk, aus einem 1981 in der Zeitung „Akwesasne Notes" veröffentlichten Text

Peter Blue Cloud (Aroniawenrate), Mohawk, geboren 1933, Schriftsteller und bildender Künstler

Simon J. Ortiz, Acoma-Pueblo, geboren 1941, Lyriker

Beryl Blue Spruce, Pueblo-Indianerin, Ärztin

Ohiyesa (Charles Alexander Eastman), Santee-Dakota, Arzt und Schriftsteller, lebte von 1858 bis 1939

Hehaka Sapa (Black Elk), heiliger Mann der Oglala-Lakota, geboren 1863, gestorben 1950

Norman H. Russell, geboren 1921, Biologe und Hochschullehrer, seine indianischen Vorfahren waren Cherokee

Herbert Blatchford, Navajo, Mitbegründer des National Indian Youth Council

Geary Hobson, Cherokee/Chickasaw, geboren 1941, Schriftsteller und Herausgeber indianischer Textsammlungen

Janet McCloud (Yet-Si-Blue), Stammesälteste der Tulalip, Mitglied im stammesübergreifenden „Elders' Circle"

Cesspooch (Dancing Eagle Plume), sein Gedicht wurde 1973 in der indianischen Zeitung „Akwesasne Notes" veröffentlicht

Luther Standing Bear, Lakota (Sioux), lebte von 1868 bis 1939, er lernte als Kind noch das freie Leben der Prärie-Indianer kennen

Jake Swamp, Häuptling des Wolfs-Klans der Mohawk, Akwesasne Reservation

Paula Gunn Allen, geboren 1939, von Laguna-Pueblo/Sioux und libanesischen Einwanderern abstammend, schreibt Lyrik, Essays und Romane

Leslie Silko, Laguna-Pueblo, geboren 1948, Lyrikerin und Prosaautorin

Lance Henson (Mahago, „Dachs"), Southern Cheyenne, geboren 1944, Lyriker

John Twobirds Arbuckle, sein Gedicht wurde 1978 in den „Akwesasne Notes" abgedruckt

Chiparopai, Yuma, setzte sich 1905 als weise alte Frau für die Rechte ihres Stammes ein

Hal Antonio, Pima, sein Lied wurde um 1900 von Forschern aufgeschrieben

John Rogers (Way Quah Gishig, „Morgendämmerung"), Chippewa, geboren 1890

Bill Emery, Student am Sinte Gleska College in der Rosebud Reservation der Sioux

David W. Martinez, Navajo, besuchte das Institute of American Indian Arts in Santa Fe, New Mexico

Louis W. Ballard, Komponist und Schöpfer des „American Indian Ballet", aus einem 1969 geschriebenen Aufsatz

BILDNACHWEIS

1. und 4. Umschlagseite Reinhard Mandl
Roland Görger 15, 19, 36, 124, 131 / Reinhard Mandl 6, 9, 12, 17, 23, 25, 32, 39, 40, 43, 51, 58, 65, 69, 70, 74/5, 78, 79, 82, 85, 89, 93, 94, 97, 100, 101, 103, 107, 108, 111, 113, 117, 136, 137, 138, 141 / Eduard Ottinger 30 / Karl-Heinz Raach 28, 29, 35, 52, 55, 60, 61, 63, 66, 87, 90, 98, 114, 122, 126, 129 / Käthe Recheis 11, 21, 26, 45, 47, 56, 57, 76, 80, 81, 104, 118, 120, 125, 132, 135 / Bernhard Widder 48

QUELLENNACHWEIS

Die Texte dieses Buches wurden mit freundlicher Genehmigung der Autoren bzw. Verlage den folgenden Büchern entnommen: Wir haben unser Land und unsere Freiheit verloren (7) / Ich habe keine höhere Schule besucht (10) / Vieles ist töricht (29) / Hügel sind immer schöner (61) aus: Tatanga Mani, Walking Buffalo of the Stonies, by Grant MacEwan, Hurtig Publ. Ltd., Edmonton 1969 – Der Eingang eines Tipis (8) / Die Wiegenlieder meines Volkes (79) aus: Respect for Life. The Traditional Upbringing of American Indian Children, Myrin Institute Books, ed. S. M. Morey/O. Gilliam, New York – Sonkwiatison (13) (c) Akwesasne Freedom School, Mohawk-Nation – Allen Lebewesen (14) / Wir Sioux denken oft und viel (34) / Alles, was ihr eßt (41) / Bevor unsere weißen Brüder kamen (64) / Im Denken der Indianer (88) / Ihr verbreitet Tod (91) / Bei uns Sioux (100) / Ich habe ein neues Sprichwort erfunden (115) aus: Lame Deer, Seeker of Visions. The Life of a Sioux Medicine Man (c) John Fire Lame Deer and Richard Erdoes, Simon & Schuster, New York – Eine der Auswirkungen (16) (c) N. Scott Momaday, aus: The Remembered Earth, ed. G. Hobson, University of New Mexico Press, Albuquerque – Hat uns der Erdboden etwas zu sagen (18) aus: Touch the Earth. A Selfportrait of Indian Existence (c) 1971 by T. C. McLuhan (mit freundlicher Genehmigung von E. P. Dutton, Inc., New York) – Ein Jäger (20) (c) Louis Oliver, aus: Caught in a Willow Net, The Greenfield Review Press, Greenfield Center, N.Y. – Wir danken unserer Mutter, der Erde (22) Traditionelles Gebet der Irokesen – Unsere Urgroßeltern (24) / Wegkarte auf Steinen (37) / Am Strand (99) / Birdfoots Großvater (116) (c) Joseph Bruchac, Greenfield Center, N.Y. – Jedes Tal (27) / Liebt eure Kinder (124, 125) (c) Basil Johnston, aus: Ojibway Heritage. The ceremonies, rituals, songs, dances, prayers and legends of the Ojibway, McClelland and Stewart Ltd., Toronto – Die Zweibeiner (31) (c) Maurice Kenny, aus: Songs from this Earth on Turtle's Back, ed. J. Bruchac, The Greenfield Review Press – Die Dichtung der Indianer (38) (c) Maurice Kenny, aus: The Remembered Earth, ed. G. Hobson, The University of New Mexico Press, Albuquerque – Geistiger Reichtum (33) (c) Karin Coody Cooper, aus: Eagle Wing Press 1983, Naugatuck – Wir müssen füreinander Sorge tragen (42) aus: Indian Corn Stories and Customs. Journal of American Folklore – Für ein Kind (44) (c) Peter Blue Cloud, Akwesasne Notes, Mohawk-Nation – Die Heiterkeit der Steine (46) (c) Simon J. Ortiz, aus: Carriers of the Dream Wheel. Contemporary Native American Poetry, ed. Duane Niatum, Harper & Row, New York – Vom Sprechen (71) (c) Simon J. Ortiz, aus: A Good Journey, Sun Tracks and The University of Arizona Press, Tucson – Ich gebe die Hoffnung nicht auf (140) (c) Simon J. Ortiz, aus: From Sand Creek, Thunder Mouth Press, Oak Park, New York – Wie glücklich bin ich (49) aus: The Native American Today, published for the American Indian Historical Society by the Indian Historian Press, San Francisco – Wir glauben, daß die Liebe (50) aus: The Soul of the Indian, by Ch. A. Eastman-Ohiyesa, Houghton & Mufflin C., Boston (c) Virginia Eastman Whitbecker and Eleanor Eastman Mensel – Die sechs Großväter (53) / Ihr habt bemerkt (86) aus: Black Elk Speaks, by John G. Neihardt (c) John G. Neihardt Trust, Simon & Schuster Pocket Books, University of Nebraska Press – Drei Pferde (54) / Der Schnee macht den Wind sichtbar (128) (c) Norman H. Russell – Ich erinnere mich daran (56) / Einmal in seinem Leben (80) (c) N. Scott Momaday, aus: The Way to Rainy Mountain, University of New Mexico Press – Mein Fächer aus Adlerfedern (59) / Das Freudenlied des Tsoai-Talee (110) (c) N. Scott Momaday, aus: Songs from this Earth on Turtle's Back, ed. Joseph Bruchac, The Greenfield Review Press – Wenn das Land krank ist (62) aus: The Way. An Anthology of American Indian Literature, ed. Shirley Hill Witt and Stan Steiner, Vintage Books, Random House, New York – Wenn man zurückblickt (67) (c) Geary Hobson, aus: The Remembered Earth, ed. G. Hobson, University of New Mexico Press – Wenn die Männer der Hopi (68) (c) Janet McCloud, aus: Moccasin Line, Vol. 3, Nr. 1, 1986 – Ich bin ein Felsen (72, 73) aus: Akwesasne Notes, Mohawk-Nation – Die alten Lakota (77) / Alte Menschen (92) / Im Stamm der Lakota (102) / Schon sehr früh (105) / Erziehung zur Stille (106) aus: Land of the Spotted Eagle, University of Nebraska Press (c) Shiyowin Miller, Temple City – Einst wurden wir angewiesen (83) aus: Akwesasne Notes („Jake Swamp Speaks"), Spring 1984, Mohawk-Nation – Die Gesamtzahl der Indianer (84) (c) Paula Gunn Allen, Northwest Indian Women's Circle, Tacoma – Friede ist nicht nur (95) Mohawk-Nation, Akwesasne – Als wir den Schlangenberg bestiegen (96) / Slim Man Canyon (133) (c) Leslie Silko, aus: Come to Power, ed. Dick Lourie, The Crossing Press, Trumansburg, New York – Großvater (109) / Holzhacken (127) (c) Lance Henson – Ich habe noch mehr (112) aus: Akwesasne Notes, Mohawk-Nation – Woher wüßten wir (119) / Wind-Lied (121) aus: The Indians' Book. Songs and Legends of the American Indians, rec. and ed. by Natalie Curtis, Dover Publications Inc., New York – Der Sommer ging zu Ende (123) aus: Red World and White. Memoirs of a Chippewa Boyhood, by John Rogers, University of Oklahoma Press – Liebeslied (130) aus: Chippewa Music, ed. Francis Densmore, Bureau of American Ethnology, Bull. 53, Washington 1913 – Großvater (134) (c) Bill Emery aus: Wokiksuye, Sinte Gleska College, Rosebud, South Dakota – So ist es heute (136) (c) David W. Martinez, aus: Voices from Wah'kon-tah, ed. R. K. Dodge and J. B. McCullough, International Publishers, New York – In diesem Zeitalter der Konformität (139) (c) Louis W. Ballard, aus: The American Indian Reader, The Indian Historian Press, San Francisco

BILDMOTIVE

6 Oglala-Lakota Powwow-Tänzer, South Dakota
9 Lakota-Tipi, South Dakota
11 Zion National Park, Utah
12 Kinder in der Pine Ridge Reservation, South Dakota
15 Streifenhörnchen, British Columbia
17 Oglala-Lakota College-Powwow, Kyle, South Dakota
19 Stikine River, British Columbia
21 Weißschwanzhirsch, Appalachen-Gebirge
23 junger Tänzer bei einem Powwow in Cody, Wyoming
25 Powwow-Trommel
26 Grand Canyon, Arizona
28 Waldrodung bei Port Refrew, Vancouver Island, British Columbia
29 Waldrodung bei Port Refrew, Vancouver Island
30 Wölfe im Zoo
32 „Coke versus tradition"
35 Totempfahl, Museum of Anthropology, Vancouver, British Columbia
36 Flußsteine vom Mountain River
39 Patricia Michaels, Miss New Mexico 1987
40 Bison, Yellowstone National Park
43 Indianerin beim 4th-of-July-Powwow in Batesland, South Dakota
45 Zion National Park, Utah
47 Bryce Canyon, Utah
48 Navajo-Mädchen in Arizona
51 Powwow-Tänzer, Taos, New Mexico
52 Gräser in der kanadischen Arktis
55 Pferde auf der Gang Ranch, British Columbia
56 Büffel im Waterton National Park, Montana
57 Büffel im Waterton National Park, Montana
58 Oglala-Lakota Powwow-Tänzer, South Dakota
60 Herbstwald bei St. Jovite, Provinz Quebec
61 Toronto, Kanada
63 leere Ölfässer, zurückgelassen von der US-Armee in Fort Chimo, Arctic Quebec
65 Abbau eines Tipis, South Dakota
66 Inuit-Friedhof bei Ponlatuk, Northwest Territory
69 Taos Pueblo, New Mexico
70 junge Lakota-Familie, South Dakota
74 Monument Valley, Arizona/Utah
76 Monarchfalter in den Adirondack-Bergen, Staat New York
78 Lakota-Junge
79 junge Indianer in Batesland, South Dakota
80 Herbst in den Blue Ridge Mountains, Appalachen
81 Herbst in den Blue Ridge Mountains, Appalachen
82 Navajo-Mädchen, Arizona
85 Lubicon-Cree-Indianer, Alberta, Kanada
87 Totempfähle im Ksan Indian Village bei Hazelton, British Columbia
89 Monument Valley, Arizona/Utah
90 abgestorbene Eiche
93 Frank Fools Crow, traditioneller Führer der Oglala, South Dakota
94 Crow-Mädchen mit „fried bread", Cody, Wyoming
97 Badlands, South Dakota
98 kanadische Westküste
100 Powwow in Cody, Wyoming
101 Vater und Sohn beim Anlegen der Tanzausrüstung, South Dakota
103 Geschwister in der Pine Ridge Reservation, South Dakota
104 „Golden Mariposa Lily", Canyon de Chelly, Navajo-Reservation, Arizona
107 Monument Valley, Arizona/Utah
108 Tipi im Abendlicht, South Dakota
111 Powwow-Tänzer, Fort Hall, Idaho
113 Powwow-Tänzer, Fort Hall, Idaho
114 Pacific Rim National Park, Vancouver Island, British Columbia
117 Oglala-Lakota in Batesland, South Dakota
118 Prickly-Pear-Kaktus, Monument Valley, Arizona/Utah
120 Cholla-Kaktus, Organ Pipe National Park, Arizona
122 Birken im Frühling
124 Chandelar-Village, Alaska
125 Apachen-Jungen, White River Reservation, Arizona
126 vereistes Seeufer nördlich von Wawa, Ontario
129 Schneewehen
131 Prince William Sound, Chugach Mountains, Alaska
132 Cliff Palace, Mesa Verde National Park, Colorado
135 Morgen im Queensgarden, Bryce Canyon, Utah
136 Hogan in der Navajo-Reservation, Arizona
137 Hogan in der Navajo-Reservation, Arizona
138 Schul-Band der Zuni Highschool, New Mexico
141 Einzug der Tänzer, Powwow in Cody, Wyoming